フィデューシャリー・デューティー

顧客本位の業務運営とは何か

HCアセットマネジメント㈱代表取締役社長
森本紀行◉著

ビジネス教育出版社

推薦の言葉

金融庁は、金融行政運営の基本方針の中で、投資運用機関や投資商品販売会社におけるフィデューシャリー・デューティーの確立を重点施策として掲げている。フィデューシャリー・デューティーは金融市場に高い信認と効率をもたらすインフラストラクチャーであって、金融庁に言われるまでもなく、金融業に携わるプロであれば当然に身につけかつ実行しているはずのものである。

つまりフィデューシャリー・デューティーは、金融規制の対象である以前に市場参加者たる金融機関の自己規律の問題であって、そのことを的確に意識した業務運営は、金融機関自身に持続的なビジネスモデルと高いブランド価値をもたらすため、不可欠なものといえる。

本書では、長年にわたり投資の現場で実績をあげている著者が、顧客本位の業務運営の神髄を語っている。フィデューシャリー・デューティーの理念と実践が、金融市場における日々の豊富な経験を踏まえて、現実に即して具体的にわかりやすく解説されている。
フィデューシャリー・デューティーというと、何か取っつきにくい高度な規制用語のように聞こえるが、本書を読めば、それはまさに日々の業務と有機的に結合している羅針盤のようなものであることがわかる。難しい局面でも正しい方向を見失わずに自信を持って仕事ができるよう、そしてそれが日本経済、投資家、金融業界自身の発展に貢献することとなるよう、本書を金融市場に関わる皆さんに自信を持ってお薦めしたい。

元金融庁長官・西村あさひ法律事務所顧問
五味　廣文

フィデューシャリー・デューティー——顧客本位の業務運営とは何か　■目　次■

第2章　フィデューシャリー宣言を公表した金融機関各社の動向

第5章　さらに深くフィデューシャリー・デューティーを知るために

第6章　これからの課題と展望

まえがき

フィデューシャリー・デューティーという言葉が金融界で広く知られるようになったのは、２０１４年９月に金融庁が公表した「平成26事務年度金融モニタリング基本方針」において、「資産運用の高度化」という重点施策との関連で、言及されて以降のことです。それまでは、ごく限られた専門家にしか、知られていなかったのです。それから、わずか2年余りの短い期間に、この言葉が金融界を席巻しようとは、当の金融庁にも、予想できなかったでしょう。

この英米法諸国における金融法務の専門用語は、煎じ詰めれば、専らに顧客の利益のために働くべし、という単純な理念に帰着します。この理念が日本の金融界に与えた衝撃は、いうまでもなく、狭い法律上の意味においてではなくて、全く新しい金融機関経営のあり方を強烈に示唆するものとして、より具体的にいえば、森信親金融庁長官の改革路線の思想を凝縮したものとして、金融行政の歴史的転換を象徴する意義においてです。

これからの金融機関経営にとって、フィデューシャリー・デューティーがもつ意味は、第一に、金融行政の目的としての経済成長と国民の資産形成、第二に、金融庁にとっての国民の視点、すなわち、金融機関からすれば、顧客の視点、第三に、金融庁の対話路線への転換、すなわち、金融機関からすれば、徹底した自主自律に基づく経営、この三点の観点から検討されなくてはなりません。

国民の資産形成

フィデューシャリー・デューティーは、そもそも、「資産運用の高度化」という金融行政の重点施策との関連で登場してきたように、金融機関による資産運用のあり方を改革し、資本市場を活性化させるための切り札です。

超高齢化から人口減少に転じた現在の日本にとって、経済成長のためには、産業構造の抜本的改革が不可欠であり、産業界に構造改革を促すためには、資本市場の活性化を通じたコーポレートガバナンス改革を加速させる必要があります。そのために、金融行政においては、間接金融、すなわち、銀行による金融仲介機能から、資本市場を経由した直接金融への転換が目指されることになるのです。

そうしますと、前提条件として、個人貯蓄の構造を、銀行預金を中心としたものから、株式や社債、およびそれらを対象とした投資信託を中心としたものへ移行させることが必要になります。これが貯蓄から資産形成への転換といわれる金融行政の課題であって、そこには、当然に投資信託の普及が含まれることになるわけです。

産業金融政策の視点から、国民の視点に転じると、貯蓄から資産形成へという政策課題は、デフレ対応貯蓄からインフレ対応貯蓄へ、ということになります。金利は物価に連動する以上、預貯金と保険にもインフレ耐性はありますが、資本市場での投資により、より高い収益率を追求できれば、インフレ耐性を強化することができるという点が重要なのです。

特に、資産形成が意味をもつのは、老後生活資金形成における自助努力としての機能ですが、長い時間をかけて資産を形成しようとする資金の性格から、多少の運用の工夫によって、金利連動の預貯金と保険よりも、相対的に高い収益率を実現させる蓋然性を高めてくれるわけですから、国民の利益の視点からも、投資信託の普及は重要なのです。

顧客の視点

投資信託の普及が重要ということになれば、その投資信託の販売と運用に携わる金融機関経営の立場からみると、ともすれば、そこに大きな商機を見出し、営業を強化しようという伝統的発想にとらわれてしまいます。しかし、金融庁が進める改革路線の骨子は、まさに、そうした金融機関の短期的な利益志向を、顧客本位の経営による長期的な利益志向へ転換させることなのです。

もしも、金融機関として、老後生活資金形成の必要性を認識している勤労層に対して、その真の顧客のニーズに相応しい商品群を、徐々に資産が積み上がる前提のもとでの費用体系により販売するならば、投資を学習しようとする顧客と、学習を支援しようとする金融機関との間には、情報の対称性が生まれるように力が働くはずです。つまり、そこには、情報が対称的になればなるほど、顧客と金融機関の双方の利益が生まれるという商業の王道が成立するのです。

ところが、現実には、貯蓄の大きな部分は、いまさら資産形成の必要などほとんどない高齢者に偏在しており、金融機関の短期的な利益の視点からは、その高齢者へ、割高な販売時の手数料をもって、商品設計の合理性について説明困難な投資信託を、一度にまとまった額で、表層的で無内容な効能書きのもと、強引に販売するほうが有利になっているわけです。

本来の顧客層ではない高齢者等については、情報の非対称性こそ、利益源泉ですから、金融機関に対して、顧客の視点に立った説明によって、顧客の真の理解を求めるのは、論理矛盾です。顧客の真の理解のもとでは、売れるはずもないからです。

ですから、投資信託は、難しい顔つきをしているほうがいいのです。金融機関からすれば、よくわからないが、難しいものなのだな、と思い込ませることが極めて重要な戦術です。そのわかりにくい顔の裏で、直接間接、より多くの手数料がとれるものが優れた投資信託なのです。

もちろん、金融庁は、投資信託等の金融商品の販売については、顧客の利益を保護する観点から、商品説明に関する高度な責任を販売会社に課す厳格な規制を導入しています。しかし、顧客の内面における理解に関して、規制によっては、一定の基準を設けることなど全く不可能ですから、実際には、販売会社の行為準則を形式的に定めることで、顧客の理解が得られたとみなすほかないのです。

例えば、説明を受け、説明を理解したとの確認書に、顧客の署名押印があれば、金融機関の説明責任は尽くされたとみなさざるをえないのですが、しかし、だからといって、顧客が真に理解していたかどうか、顧客の真のニーズに適った商品が販売されたのかどうかは、全く不明です。

こうして、規制によって定められた形式的手順を厳格に踏むことによって、金融機関は責任を免れることになります。規制は、本来顧客を守るべきものですが、現実には販売会社を守ってしまう、これが規制の矛盾です。

この規制の矛盾は、規制によっては解決できません。そこで、金融庁は、専らに顧客の利益のために働くという金融機関の行動規範として、フィデューシャリー・デューティーを導入したのです。フィデューシャリー・デューティーは、規制ではなく理念であり、ルールではなくプリンシプル（行動原則）なのであって、その先には、情報の対称性に基づく顧客と金融機関の共通利益の創造という昔ながらの商業の王道があるのです。

金融機関の自主自律

フィデューシャリー・デューティーは、金融機関が真の顧客のニーズに即して行動するように求めるものですが、それは、監督官庁である金融庁が規制によって強制するものではなくて、各金融機関の経営において、自主自律的な取組みとして、実践されることが期待されているものです。

なぜ、自主自律なのか、それは、顧客の視点において、最低限守るべきルール、すなわちミニマムスタンダードならば、規制によって強制できても、最善を尽くすべき社会的義務、すなわちベストプラクティスの追求は、規制によっては強制のしようがないからです。

例えば、預金においては、顧客の利益は、金融機関に対して厳格な資本規制等のルールを課すことで守られます。しかし、投資信託においては、顧客のニーズとの適合性、費用等の合理性、運用内容の巧拙などが複雑に関係するのであって、顧客の利益を守るための客観的で有効なルールなど、作りえないのです。

これらの要素は、どれをとっても、金融機関が顧客の視点でベストプラクティスを追求することによってのみ、相互の切磋琢磨を通じて、日々改善し、進化していくものです。だからこそ、フィデューシャリー・デューティーは、金融機関が自己に課すプリンシプル（行動原則）として、各金融機関の自主的、自律的な取組みに委ねられるのです。

金融庁としては、フィデューシャリー・デューティーの実践を強制できない以上、金融機関との建設的な対話を通じて、顧客の視点に立った共通利益の創造こそ金融機関の真の利益であり、それが中長期的企業価値の向上につながることについて、理解を促していくのです。この顧客の視点に立った対話路線こそ、森信親長官が推進する金融庁改革の神髄です。

以上の三点から、フィデューシャリー・デューティーを検討するとき、もはや、それが投資信託という狭い分野に限った話でないことは、すぐにご理解いただけると思います。金融の全ての領域において、経済成長と国民の福利の増進に対する貢献、徹底した顧客の視点、自主自律的な経営革新は、共通の課題です。

フィデューシャリー・デューティーを規制と考えたり、狭い投資信託の問題と考えたりするような金融機関は、顧客から見放されて、消滅するでしょう。逆に、フィデューシャリー・デューティーを顧客の視点に立った金融機関経営の革新の起爆剤ととらえる金融機関は、顧客から選ばれ、支持されることで、明るく豊かな未来を手にするのです。

第1章

Fiduciary Duty

なぜ、フィデューシャリー・デューティーが必要なのか

２０１６年４月７日の「日本証券アナリスト協会第７回国際セミナー」において、金融庁の森信親長官は講演をし、最後を次の言葉で締め括りました。森長官の掲げるフィデューシャリー・デューティーの理念は、この資産運用に携わる者に対する熱い呼びかけに尽きています。

「運用、販売、資産管理など資産運用に携わる方々が、顧客のBest interestのために行動すること、そうして、提供する商品やサービスの質を高くするための正しい競争が行なわれることは、顧客である国民のみならず、わが国市場や経済全てにとって利益となるものであり、わが国の資産運用業の大きな発展につながるものです。本日ここにおられる方々は、それを実現する能力をお持ちだと思います。それが、会社のこれまでの慣習や短期的利益などのため実現しないことは、あまりにももったいないことです。

資産運用の高度化の実現は私にとってのライフワークです。皆さんと一緒になって必ず実現させていきましょう」（金融庁ウェブサイトより）

ルール遵守と「顧客の Best interest」

金融機関に働くものの全てが完璧に法律等のルールを遵守しているとしても、そのことによっては、必ずしも、「顧客の Best interest」が実現するわけではない、このことの発見こそ、森長官のもとで、金融庁が革命的な行政手法の転換を行った真因です。そして、問題が極めてわかりやすい形で露呈していた分野こそ、投資信託の販売と運用等におけるルール遵守の矛盾でした。

販売会社や運用会社等の金融機関が法律等のルールを遵守している限り、顧客は、自分の求めている投資信託を、自分の明示的な意思で、投資に付随する損失の可能性等を全て理解したうえで、自己責任原則のもとで、購入したということにならざるをえません。

しかし、そのことによっては、必ずしも、実質的に、「顧客の Best interest」が実現するわけではありません。もちろん、金融機関が遵守すべき諸ルールは、顧客の真の意思を確認するために作られているはずで、それが完璧なものなら、販売会社等がルールを遵守する限り、顧客は常に自分の真に求めるものを購入していることになりますが、現実には、そのような完璧なルールなど作りえません。

完璧なルールがありえないことが問題なのではなく、ルールに従っていることで、表層的には、顧客の求めているものが提供されていて、顧客の利益が守られているとみなされうることが深刻な問題なのです。さらにいえば、このようにみなされている限り、金融機関の責任は問われえないこと、つまり、金融機関のほうが保護されてしまうこと、そこに決定的な問題があるのです。

ルール遵守にも限界がある？

ルール遵守というのは、ミニマムスタンダード、つまり、最低限のことにすぎません。投資信託の販売において、「顧客の Best interest」は、ミニマムスタンダードの徹底によっては実現できません。そこで、金融庁は、ルールによらない方法を工夫することになります。それがベストプラクティスの追求、すなわち、徹底して顧客の視点で、「顧客の Best interest」のために尽くすことを、金融機関に求めることなのです。

しかし、ベストプラクティスの追求は、金融庁として、ルールによっては強制できませんし、その具体的内容を金融機関に示すこともできません。そうすれば、それが新しいミニマムスタンダードになるだけだからですし、そもそも、ベストとは、金融機関独自の創意工夫として、一般化できないもので、また、常に進化し変容し続けなければならないものだからです。

ですから、ベストプラクティスの追求は、金融機関自身の経営原則、すなわちプリンシプルの確立による自己統制として、実践されなくてはならないのです。金融庁のルールによるミニマムスタンダードの徹底から、金融機関自身のプリンシプルによるベストプラクティスの追求への転換、これが金融庁の行政手法改革の要諦です。

自己の利益を図らないことと合理的報酬

フィデューシャリーは、専らに顧客のために働く義務を負うので、自己の利益を鑑みることはできず、理論を突き詰めれば、無償で働かなくてはならないことになります。しかし、さすがに、それでは業務として成り立たないので、専らに顧客のために働くのに要する原価を基準に、合理的に算出された報酬を受け取ってよいものと理解されます。逆に、合理性を超える報酬は、フィデューシャリー・デューティー違反になるということです。

金融庁は、金融機関のフィデューシャリー・デューティーについて、まさに、この点を問題にして、特に、投資信託の販売手数料等の是正を強く求めているのですが、決して、取るなとか、引き下げろといっているのではありません。あくまでも、提供した役務を基準に、報酬等の料率を合理的に定めよといっているだけです。

金融機関として、フィデューシャリー・デューティーによって報酬が減って困るなどといっている者に、未来は全くありません。金融庁のいうことを素直に聞けば、逆に、顧客の視点に立って、より価値の高い仕事をすれば、提供した価値に応じて増収になると考えるべきです。そこに、フィデューシャリー・デューティーの本質があるのです。

つまり、フィデューシャリー・デューティーのもと、顧客の視点と合理的報酬の考え方を徹底すれば、顧客に提供する価値の増大こそが経営課題となり、その結果として、顧客の利益も、金融機関自身の利益も、相互に矛盾対立することなく、増大するはずだということです。

この点については、２０１６年4月13日の森金融庁長官の「第31回国際スワップデリバティブ協会（ＩＳＤＡ）年次総会」における「静的な規制から動的な監督へ」と題された講演での発言が参考になります。ここで、森長官は、「銀行と顧客がどのような共通価値を創造できるのか、銀行との対話を進めていきたい」（金融庁ウェブサイトより）と述べているのです。

この「銀行」は、他の金融業態を含む全ての「金融機関」に置き換えられます。金融機関は、自己の利益を直接に求めるのではなく、顧客との共通価値の創造を目指すことによって、結果的に、自己の利益を実現する、これこそ、徹底して顧客の利益を追求する森長官の一貫した思想なのです。

第三者の利益を図らないことと系列重視

フィデューシャリーは、自己の利益を図ることができないだけでなく、当然に、第三者の利益を図ることも許されません。ここで、特に問題とすべき第三者との関係は、投資信託の販売会社と運用会社の関係、企業年金の運用会社と当該母体企業の取引金融機関の関係です。

投資信託を通じた国民資産形成とフィデューシャリー・デューティー

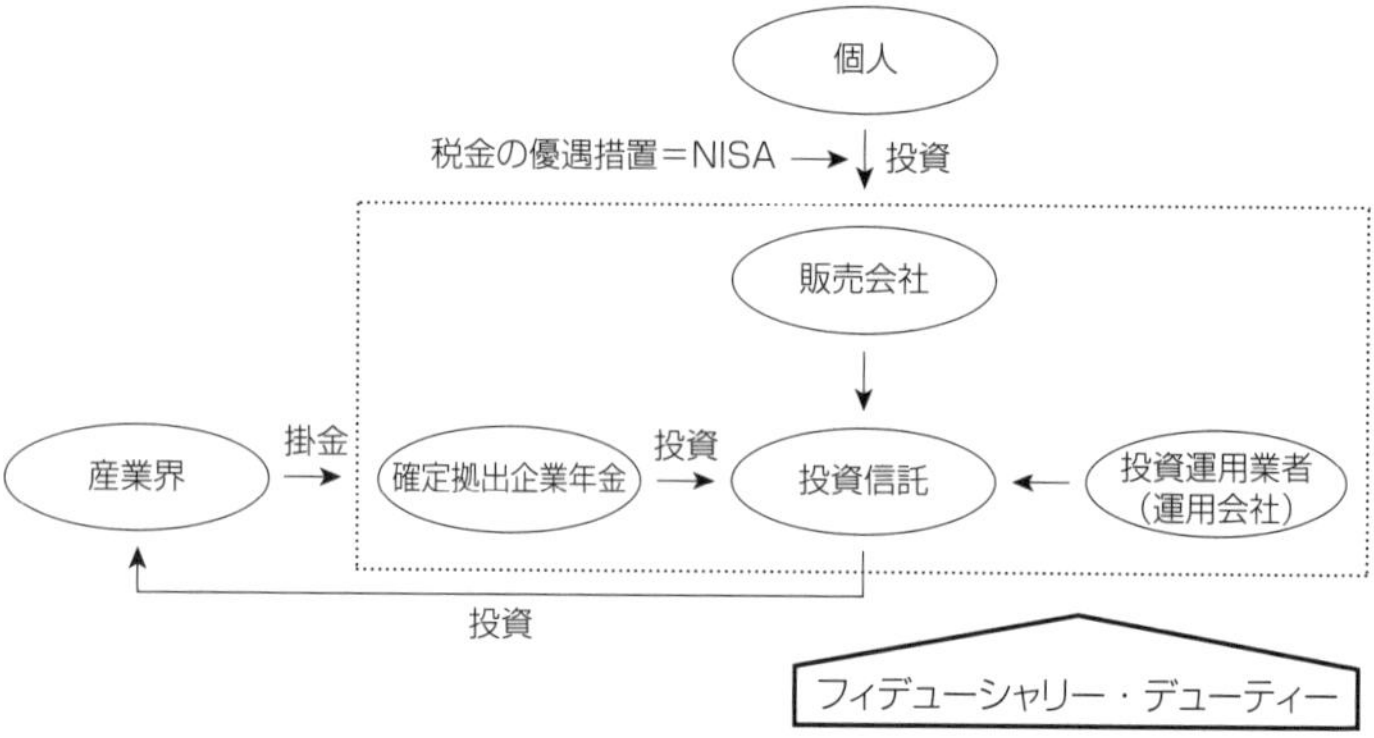

投資信託の販売会社と運用会社が同一の金融グループに属することは、日本では、ごく普通の現象です。この場合、優先的に同一グループの会社を使うことで、相互の利益を図っているとの疑念を払拭できません。金融庁が問題視する系列重視の姿勢です。

しかし、形式的なルールによって、系列重視を是正すべきものでないことは、フィデューシャリー・デューティーがプリンシプルの問題であることから、明白です。むしろ、同一金融グループの内部取引として、顧客に対して、総合的な報酬の合理性を説明できるようにすることが重要でしょう。

企業年金の運用受託の実態については、古くから、フィデューシャリー・デューティー以前の問題として、忠実義務違反のおそれが指摘されています。つまり、監督官庁である厚生労働省年金局長の通知において、株主として、また、借入先として、企業と親密な関係を有する金融機関、もしくはその金融機関の系列企業が当該企業の企業年金の運用会社となっている場合には、専らに加入員・受給者の利益を図らなくてはならない企業年金として、忠実義務違反のおそれがあるとしているのです。

しかし、日本の現実として、このような忠実義務違反のおそれは、いたるところに蔓延しています。なぜなら、忠実義務違反のおそれは、不当に企業年金に不利な契約になっているなど、積極的な損失が発生しない限り、忠実義務違反ではなくて、単なるおそれとされているからです。

忠実義務とフィデューシャリー・デューティー

日本では、忠実義務の実効性はありません。「金融商品取引法」上の投資運用業者の忠実義務も然りです。投資信託の販売会社には、忠実義務すらありません（47ページ参照）。こうして、ミニマムスタンダードが低いからこそ、フィデューシャリー・デューティーが必要なのです。

フィデューシャリー・デューティーは、より高度な忠実義務として、金融機関の内部統制に反映され、また、それは、金融庁所管のルールではないがゆえに、理念として、広範に企業年金の資産運用にも適用可能なのです。

例えば、企業年金において、母体企業の大株主である生命保険会社、およびその子会社に運用委託することは、厚生労働省からすれば、忠実義務違反のおそれではあっても、違反自体にはならないでしょうし、金融庁からすれば、生命保険会社の優越的地位の濫用等の懸念を抱かせるものではあっても、その是正措置に積極的に乗り出すべき根拠は十分ではないでしょう。要は、あまりにもミニマムスタンダードが低すぎて、ルールの強制が効かないのです。

こうした事態に対して、ミニマムスタンダードのルールによる引き上げを図るのではなく、企業年金の管理に対して責任を負う企業のプリンシプルとして、また、金融機関のプリンシプルとして、専らに企業年金制度の加入員・受給者の利益のために行動すべく、フィデューシャリー・デューティーの実践がなされるような環境の整備、これこそ、金融庁の目指すべきものでしょう。

この点、金融庁が、金融審議会にフィデューシャリー・デューティーを諮るにあたり作成した説明資料において、米国の年金運用を律するエリサ法を引き合いに出していることや、昨今、金融庁の尽力によりフィデューシャリー・デューティーという言葉が急速に社会に広がっていくに従い、企業年金の世界においても、顕著な意識変化の生じていることは、注目されます。

フィデューシャリー・デューティーとベストを尽くす義務

フィデューシャリー・デューティーのもとでは、企業年金には、運用能力の評価のみによって、ベストの運用会社を採用する義務が生じます。もはや、企業にとっての親密な運用会社を優先的に採用することはできなくなります。

そうなれば、運用会社間の運用能力についての健全なる競争が促され、そうした競争的環境のなかで、切磋琢磨による運用能力の高度化が促されます。つまり、運用会社は、フィデューシャリー・デューティーのもとで、資産運用の成果について、ベストを尽くす義務を負うことになるのです。

投資信託の販売における商品選択も同様です。フィデューシャリーとしての販売会社は、専らに顧客の利益の視点で、ベストな運用会社によって運用されるベストな投資信託を選択する義務を負います。そうすれば、投資信託の運用でも、販売会社向けの営業競争ではなくて、運用能力の競争こそが促されるでしょう。

金融庁が、「資産運用の高度化」という政策課題との関連で、フィデューシャリー・デューティーを導入したのは、まさに、ここに理由があるのです。「資産運用の高度化」は、資産運用に携わる者の全てが各役割においてベストを尽くすことによってのみ、実現されます。そのことを、金融庁は、フィデューシャリー・デューティーの実践に託したのです。

フィデューシャリー・デューティーが発生するためには、信認関係が成立していなければならないのですが、どのような場合に信認関係が成立するかは、難しい問題です。例えば、駅の待合室で、隣に座っている人に、自分の荷物を見てくれているように頼んで、お手洗いに行くというときに、頼まれた人と頼んだ人の間に信認関係は成立するのか、というような事例は、いくらでもあることですから、簡単には決めかねるわけです。

フィデューシャリー・デューティーは、その原点において、専らに顧客のために、という義務であるはずですが、それがなぜ、ベストを尽くす義務になるのでしょうか。

専らに顧客のために、ということから直ちに導けること、すなわち、フィデューシャリー・デューティーの直接的な内容を確認しておきましょう。

まず、自明なこととして導けるのは、職務の遂行に関連して、自己や第三者の利益を求めてはならないということ、つまりは、利益相反取引の禁止です。

さて、ここで、大きな問題は、利益相反という日本語の意味です。相反を字義通りに解すれば、顧客の損失のもとで自己や第三者の利益を図ることになります。

実際に、日本法でフィデューシャリー・デューティーに該当するのは忠実義務ですが、日本の忠実義務のもとでの利益相反取引の定義は、一般に、顧客の積極的な損失のもとで自己や第三者の利益を図ることと、狭く解されているようです。ここで、積極的な損失という意味は、よりよい方法で職務が遂行されていたならば得られたであろう逸失利益を含まないという意味です。

しかし、フィデューシャリー・デューティーにおいては、利益相反の意味は、日本の忠実義務よりも、はるかに広く解される余地があります。例えば、医師も弁護士も、また資産運用会社も、当然のことながら、有償の業務として職務を遂行しているのですから、そこには、自己の利益のために、という側面があることを問題にしうるわけです。

これについては、職務の遂行には、諸経費がかかるわけですから、それを顧客に請求することは、専らに顧客のために、という原則には反しないと解されています。しかし、ここからは、合理的報酬という条件が導かれてきます。

つまり、例えば資産運用会社であれば、職務の遂行のためには、その原価として、人件費等の経費を要しますし、株式会社であれば、原価に正当な資本利潤も加えなくてはならないでしょうが、逆にいって、資産運用会社が顧客に請求できる報酬は、提供される職務の内容との関連において、正当性を合理的に説明できるものでなければならず、それを超える報酬をとることは、フィデューシャリー・デューティーに反する可能性があるということです。

そうしますと、フィデューシャリーとして、ベストを尽くしていたならば得られたであろう逸失利益もまた、顧客の損失に含めうるということです。例えば、日本では、金融商品取引法上、投資運用業者に忠実義務が課されているのですが、上記のような忠実義務の日本的理解のもとでは、自己または第三者の利益を図るために、意図的に顧客に損失を与えるのでない限り、忠実義務違反に問われることはありません。

ですから、仮に、証券会社の子会社の投資運用業者があって、発注先として優先的に親会社を使っていたとしても、それが明らかに親会社の利益を図るものであるにもかかわらず、結果として、平均的な執行能力によって処理される限り、忠実義務違反にはなりません。

これに対して、フィデューシャリー・デューティーは、いわば、より高度な忠実義務として、投資運用業者に、顧客の利益のために最良執行を目指す義務を課すものです。この義務のもとでは、発注先として優先的に親会社を使うことはできず、親会社は、あくまでも多数の発注候補先の一つとして、純粋に執行能力の見地から選ばれるものにすぎなくなるわけです。

同様に、確定給付企業年金法上は、企業年金の資産管理にも、忠実義務が課されているので、企業にとっての親密な金融機関やその関係会社を運用機関として採用することは、明らかに企業等の利益を図るものであるにもかかわらず、その運用機関が平均的な運用をしている限り、忠実義務違反になりません。

これに対して、フィデューシャリー・デューティーのもとでは、企業年金の資産運用にとって、最善の運用機関を採用する義務が生じますので、企業にとっての親密な運用機関を優先的に採用することは、できなくなります。金融庁が、「資産運用の高度化」という政策課題との関連で、フィデューシャリー・デューティーを導入したのは、まさに、ここに理由があるのです。フィデューシャリー・デューティーのもとで、関係当事者がベストを尽くす義務を負うことで、はじめて、切磋琢磨による技術の高度化が生じるからです。

企業年金が最良の投資運用業者を採用する義務を負うからこそ、投資運用業者間の運用能力についての健全なる競争が促され、また、投資運用業者が最良執行の視点で証券会社を選定するからこそ、証券会社の執行能力についての健全なる競争が促され、そうした競争的環境のなかで、切磋琢磨による技術の発達が促されるのです。

なお、利益相反取引について詳しくは、162ページ以下を参照ください。

法律上保護される信認関係

英国や米国、また歴史的に英米法を受け継いでいる国では、それぞれの国において、信認関係の成立と、そこでのフィデューシャリー・デューティーの内容は、法規範として、客観的に確立しています。

特に、資産の管理を他人に委任することについては、委任する者と委任を受けた者の間に、信認関係が成立し、委任を受けた者は、重いフィデューシャリー・デューティーを負うことが、客観的な規範として成立しています。実は、ここにこそ、英米法の国における事業としての資産運用の根底があるのです。

しかしながら、日本では、そもそも歴史的経緯として、フランスやドイツの法律を受け継いでおり、フィデューシャリー・デューティーに直接に該当する法規範は存在しません。現段階においては、日本のフィデューシャリー・デューティーは、金融庁の行政方針のなかで、主として資産運用関連の業務を念頭において、改革の方向性を示す理念として掲げられているものです。

金融庁が、ほかでもなく、フィデューシャリー・デューティーという用語を採用したからには、少なくとも資産運用に関連しては、英米法で確立している法規範を改革の指針にするということでしょうか。

金融庁にして、フィデューシャリー・デューティーをとりあげたからといって、資産運用関連の諸法律を英米法に準拠したものに抜本的に改正することなど、毛頭考えてはいないでしょう。そもそも、全体の法体系が異なるなかで、一部分にだけ、系統の異なる体系を受け継ぐことは、実務的に不可能です。

また、法律改正等によって規制を導入しても、それは、新しいルールを作るだけのことです。日本の金融機関はルール遵守には厳格ですから、新ルールは、たちどころに金融機関の表面的な行動を変えるでしょう。しかし、だからといって、金融機関のプリンシプル（行動原理）までも、変えうるとは限らないのです。

ルールは、所詮は、最低限守られるべきことにすぎません。金融庁の用語でいえば、ミニマムスタンダードです。ミニマムスタンダードが守られているからといって、ベストが尽くされるのでない限りは、資産運用関連業務の質が改善することにはならないのです。

真の改革は、ミニマムスタンダードを引き上げることではなくて、ベストを伸ばすことです。金融庁の用語でいえば、ベストプラクティスの追求こそが重要なのです。それは、ルールによってではなく、各金融機関のプリンシプルの確立によって、また、金融業界全体として、各自の固有のプリンシプルのもとで、創意工夫と切磋琢磨がなされることによって、実現されるものです。

フィデューシャリー・デューティーは、ルール等の外部規範なのではなくて、金融機関自身のプリンシプルとして、ベストプラクティスを追求するための内部規範なのです。ですから、それは、規制によって強制されるものではなくて、金融機関が、金融庁との建設的な対話のなかで、資産運用関連業務の健全なる発展を真剣に考えたときに、自分自身に課す義務として、自然に到達する行動様式であるわけです。

フィデューシャリー・デューティーとプロフェッショナリズム

弁護士には、依頼人のためにベストを尽くして訴訟遂行する義務があり、医師には、ベストを尽くして患者の健康回復に努める義務があり、資産の運用管理を受任した金融機関には、ベストを尽くして投資収益をあげる義務があります。つまり、フィデューシャリーは、同時に専門家であり、その専門能力において、ベストを尽くす義務を負うのです。

資産運用に限らず、専門的能力だけによる競争のなかで、専門的能力の向上が図られること、これぞまさに、プロフェッショナリズムの貫徹です。プロフェッショナリズムとは、専門性と関係のない社会的影響力や人的関係などに依存しないで、専らに職業的専門能力だけによって、事業を遂行することです。ここでは、能力に対する顧客からの信頼だけが基盤なのです。

　そのような信頼は、能力の高さだけでなく、専らに顧客のためだけに働くという倫理的立場にも基づいています。また、逆に、専らに顧客のためだけに働くという倫理的立場の貫徹が能力の向上を促し、それが信頼につながるのです。このように高度化した信頼関係を、フィデューシャリーの関係、すなわち、信認関係というのです。

　専らに顧客のためにというフィデューシャリー・デューティーと、ベストを尽くすというプロフェッショナリズムとは表裏一体です。それは、いうまでもなく、完全な経営の独立をも意味します。フィデューシャリー・デューティーとは、独立したプロフェッショナルの生き方そのものなのです。

　専門的能力だけによる競争のなかで、専門的能力の向上が図られること、これぞ、まさに、プロフェッショナリズムの貫徹です。

　プロフェッショナリズムとは、親会社の力や人的関係などに依存しないで、職業的能力だけによって、事業を遂行することです。ここでは、能力に対する顧客からの信頼だけが基盤なのですが、そのような信頼は、能力の高さだけでなく、専らに顧客のためだけに働くというフィデューシャリーとしての立場にも、基づいています。

つまり、専らに顧客のためにというフィデューシャリー・デューティーと、ベストを尽くすというプロフェッショナリズムとは、表裏一体なのです。それは、いうまでもなく、完全な経営の独立をも意味します。フィデューシャリー・デューティーとは、独立したプロフェッショナルの生き方そのものなのです。

投資運用業者にとって、経営のプリンシプルの確立とは、フィデューシャリー・デューティーのもとでプロフェッショナリズムを貫徹することに帰着します。そのプリンシプルを顧客に対する確約として公表することで、自らに課した義務に履行強制力を付与すること、それが「フィデューシャリー宣言」の意味です。

フィデューシャリー・デューティーと経営の独立

金融庁は、運用会社に対して、経営の独立を強く求めています。しかし、経営の独立は、必ずしも、資本関係の問題と同一ではありません。例えば、金融グループに属する運用会社において、経済的持分が親会社に完全に帰属しているからといって、経営のあり方までも、親会社に帰属することになるとは限りません。

要は、フィデューシャリー・デューティーを徹底するという視点において、第一には、傘下に運用会社をもつ親会社の金融機関として、子会社管理のプリンシプルを確立し、第二に、子会社の運用会社として、プリンシプルを確立すればいいことなのです。

つまり、子会社の運用会社の議決権を100％保有する親会社として、その行使について、また、子会社経営者等の人事について、専らに子会社の顧客の視点において判断される限り、フィデューシャリー・デューティーは貫徹しうるということです。

また、いうまでもなく、子会社の運用会社の経営者は、親会社の直接的な利益ではなく、専らに顧客の利益のために、プロフェッショナル組織を構築し、維持し、発展させていくことに専念し、顧客開拓等の事業の開発において、一切、親会社に依存しない体制を確立しなければなりません。

第2章

Fiduciary Duty

フィデューシャリー宣言を公表した金融機関各社の動向

フィデューシャリー宣言とは

資産運用に携わる金融機関にとって、経営のプリンシプルの確立とは、フィデューシャリー・デューティーのもとでプロフェッショナリズムを貫徹することに帰着します。そのプリンシプルを顧客に対する確約として公表することで、自らに課した義務に履行強制力を付与すること、それが「フィデューシャリー宣言」の意味です。

プリンシプルは、内部統制に反映させ、履行強制力のある内部規範として、確立されなくてはなりません。このことは、プリンシプルの公表の必要性までも含むものではありません。しかし、公表することによって、社会の監視が強く働くようにすれば、履行強制力は、はるかに強くなります。ですから、公表が必要なのです。

「フィデューシャリー宣言」は、各社の固有の事業構造等の事情を反映したもので、そこに各社の創意工夫があります。名称も、「宣言」のほかに、「取組方針」など、各社の自由です。しかし、これは内部統制として、金融庁のモニタリングの対象となるものですから、いくつかの必須の要素があるはずです。

「フィデューシャリー宣言」の3要素

「フィデューシャリー宣言」は、第一に、「宣言」本文、第二に、内部規範としての「宣言」の履行規定と履行遵守状況を確認する内部統制手続き、第三に、「宣言」の基準を過去に適用して行う自己点検、この三つの要素で構成されなくてはなりません。「宣言」は、「宣言」そのものよりも、実は、履行遵守のための内部統制の確立と、自己点検作業のほうが重要なのです。特に、過去に遡り、高い基準を適用した点検作業を徹底して実行することにより、職員の意識改革を図ることが大きな眼目です。

しかし、残念なことに、業界の経営者の意識は低いと言わざるをえません。「フィデューシャリー・デューティーという言葉は新しいが、これまで実践してきたことと同じだ」などという論外に低次元な受け止め方しかできていない人が多いのです。こういう程度の低さでは、内部統制や、自己点検の重要性など、思いもつかないでしょう。

こういう意識の低い金融機関の経営者は、冒頭に引用した森長官の言葉を噛みしめるべきです。森長官は、業界の発展について、述べていたはずです。「本日ここにおられる方々は、それを実現する能力をお持ちだと思います。それが、会社のこれまでの慣習や短期的利益などのため実現しないことは、あまりにももったいないことです」と。

「慣習や短期的利益などのため」に、人材の可能性を殺し、業界の成長を阻み、「あまりにももったいない」状況を生み出したことにつき、責任を痛感せよ。痛感しても、責任を果たす能力がないのなら、去れ。去ることこそ、フィデューシャリー・デューティーの貫徹なのです。

偽りの「フィデューシャリー宣言」の排除

こういう程度の低い金融機関が言葉だけの「宣言」をすることは、当初から、ある程度は予想されたことです。しかし、厳格な内部統制と自己点検を背後にもたないものは、偽りの「宣言」として、絶対に認め難いものです。それは、虚偽表示にも近いのです。

では、いかにして、薄っぺらな「フィデューシャリー宣言」を排除していくのでしょうか。金融庁としても、モニタリング等を通じて、厳しく監視していくのでしょうが、何よりも大切なのは、顧客の力です。特に、フィデューシャリーとしての企業年金等の力です。

フィデューシャリー・デューティーの徹底にとって、おそらくは、最も効力があるのは、企業年金をもつ企業と、企業年金や公的年金等の年金基金が「フィデューシャリー宣言」を行うことです。金融審議会において、フィデューシャリー・デューティーが取り上げられたのは、非常に喜ばしいことであり、ぜひとも、大きな視点で審議いただきたいものです。

HCアセットマネジメントの「フィデューシャリー宣言」

ＨＣアセットマネジメント株式会社は、２０１５年８月21日に、自社のウェブサイトにおいて、「フィデューシャリー宣言」を公表しました。投資運用業者として、専らに顧客の利益のために働くこと、すなわち、合理的な報酬のもとで、他の一切の自己の利益、また第三者の利益を求めないことを、顧客に対して、明示的な宣言として、確約したのです。さて、この宣言に至る背景には、何があるのでしょうか。

金融庁は、２０１５年7月3日に、前事務年度（２０１４年7月～２０１５年6

月）の金融モニタリングの成果を、「金融モニタリングレポート」として、公表しています。そのなかに、以下の記述がみられます。

「こうした中、検証を行った投資運用業者の一部において、顧客の信認を高めるために、フィデューシャリー・デューティーに基づいた行動規範（アクションプラン）の具現化を模索している先がみられた。このように、フィデューシャリー・デューティーを負う者の間で、顧客のニーズや利益に真に適う商品・サービスを提供するために、具体的に何をすべきかを自主的に考え、実効性あるものとして行動に移していく動きが広がることを期待する。」

ＨＣアセットマネジメントは、ここに言及された「フィデューシャリー・デューティーに基づいた行動規範（アクションプラン）の具現化を模索している先」の一つであり、ほかにも、数社が同様の取組みを進めていたわけです。実際、２０１５年8月26日には、セゾン投信が宣言を公表しており、その後、さらに、相次いでいます。ＨＣアセットマネジメントの「フィデューシャリー宣言」の全文を、以下に掲げます。

フィデューシャリー・デューティーなきところ、資産運用なしとの信念のもと、「専らに顧客のために」働くものとして、当社及び当社役職員がフィデューシャリー・デューティーを履行するため、以下の規範を遵守することをここに宣言します。

規範の遵守に際しては、形式に堕することなく、フィデューシャリー・デューティーの理念に則り、「生ける規範」として実践します。

1. 利益相反の禁止

1-1　新契約の締結において、当社と利害のある関係者を通じた不当な影響力の行使は行いません。

1-2　顧客資産の運用及び管理において、当社と利害関係者との取引を一切行わないことにより、利益相反の恐れのある立場に自らを置きません。

1-3　当社は、運用の実行において、各専門分野における外部の運用会社を起用しております。その運用会社の選任並びに解任は、専らに運用能力の評価に基づいて行います。当社は、運用会社との業務提携、及び運用会社への出資、並びに名目の如何を問わず、運用会社との間で特別な関係を持つことは一切行いません。

2. 報酬の合理性

2-1　顧客資産の規模や運用内容等の差異に応じた合理的な報酬率を適用し、同一サービスには同一報酬率をという顧客間公平性を貫徹します。

2-2　報酬率は、当社サービスの質を安定的に保ちかつ永続的に提供するために合理的に必要となる適正な経営経費に基づき決定します。適正な経営経費は、運用プロフェッショナルとしての適正な処遇、適正な一般経営管理費、及び適正な資本利潤率に基づくものとして厳正に管理します。

3.　遵守態勢

3-1　規範の遵守を確実にならしめるため、規範への抵触の恐れがある行為は、経営会議その他の所定の機関による事前確認を行った上で実施します。

3-2　内部監査部門は、規範の遵守状況について事後確認した上で、取締役会に対し定期的に報告を行います。

3-3　取締役会は、運用プロフェッショナルで構成された取締役、及び独立した社外取締役とで構成され、規範の遵守状況を監視監督します。

HCアセットマネジメントとしての特色、こだわり

努力目標的な表現を一切用いていないのは、「フィデューシャリー宣言」の絶対的要件として、強く意識したことです。これは、金融庁が2014年9月に公表した「金融モニタリング基本方針」のなかで、投資運用業者等に対して、フィデューシャリー・デューティーを実際に果たすことを求めていることに呼応しています。

フィデューシャリー・デューティーは英米法の規範であって、日本の忠実義務に該当します。金融庁が、あえて英米法をもち出したのは、日本の忠実義務が単なる精神規定に堕しているのに対して、フィデューシャリー・デューティーが履行強制力のある規範だからです。

ですから、HCアセットマネジメントの「フィデューシャリー宣言」では、する、しない、の明瞭ないい切りになっています。もしも、努める、という表現を用いれば、努めた結果として現実にはできていなくとも、努めたという事実があれば、宣言違反になりません。しかし、する、としている以上、努めた結果として現実にできていなければ、宣言違反になります。

また、本当に努めたかどうかは、外部からは実証不能です。努力の事実の証明ができないがゆえに、日本の忠実義務は、努力目標としてすら機能せず、無意味な精神規定に堕して、何の役にも立っていません。それに対して、事実としてできているかどうかは、容易に実証できます。ですから、規範としての履行強制力が生まれるのです。

フィデューシャリー宣言の遵守状況の振り返り

２０１６年8月25日、ＨＣアセットマネジメントは、ウェブサイトにて「フィデューシャリー宣言の遵守状況の振り返り」を公表しました。以下にその全文を掲載します。

2015年8月21日のフィデューシャリー宣言から1年経過後の振り返りとして、遵守状況の点検結果、及び「生ける規範」としての実践のための取り組みについて、以下のとおり概要を公表します。

今後も1年を目途に定期的な振り返りを行い、その結果を公表します。

1. 遵守状況の点検結果

「利益相反の禁止」、「報酬の合理性」、「遵守態勢」に係る規範の遵守状況についての総点検を実施。規範への抵触の恐れがある行為に該当するものは一切生じておりません。

なお、具体的な事例として確認した件数は以下のとおりとなります。

・「利益相反の禁止」に係る事例7件

（宣言前の総点検の際に確認した事例6件、及び宣言後に確認した事例1件の再確認）

・「報酬の合理性」に係る事例3件

（宣言前の総点検の際に確認した事例1件、及び本振り返りの際に確認した事例2件）

2. 実践のための取組の推進

「専らに顧客のために」という視点で、役職員による自主的な創意工夫による業務運営の改善を推進するため、以下の取組を今後実施します。

(1)フィデューシャリー・デューティーの最高規範性の周知・徹底

他の社内規程への優越等の最高規範性を規程上明文化します。

(2)フィデューシャリー委員会の新設

「専らに顧客のために」という視点で、業務運営が行われているか考える場を新設します。

以上

金融庁の規制強化の一環ではない

「フィデューシャリー宣言」は、金融規制とは関係がありません。金融機関が、真剣に、かつ合理的に、自己の企業価値を考えたとき、顧客の利益の上にしか、自己の利益の持続可能な成長のないことは、自然と明らかになるはずです。

ならば、顧客の利益を徹底して守ることは、自己の利益を守ることになるのですから、そこに規制など必要なく、自己の利益の方向へ動く自然な経営行動として、「フィデューシャリー宣言」に到達するわけです。

金融庁は、単に、金融機関に対して、自己の持続可能な収益基盤の確立を図れといっているだけです。このような社会人の常識次元のことを諭すように説かねばならない金融庁のご苦労を考えるとき、業界は、深く恥じ入るべきです。恥じて、身を正さねばなりません。

営業用の言葉の上のことなら、金融機関に限らず、多くの企業が「お客様第一」のような立派な社是を掲げています。

それに対して、「フィデューシャリー宣言」は、努力目標でも精神規定でもなく、事実として、実際に果たされるものであって、そこに書かれたことは、その通りに、経営の責任において、確実に実行されることが確約されているものなのです。

「フィデューシャリー宣言」を、顧客に対して、あるいは、より広く社会に向かって行うことで、自己規律に強力な履行強制力を付与するわけです。

顧客に確約したことを履行しないとしたら、それは、金融機関としての、というよりも、そもそも企業としての存立の基盤を、自ら崩壊させるものでしょう。ましてや、確約の内容が、顧客の利益を守るということなのですから、「フィデューシャリー宣言」違反など、ありえないことなのです。

加えて、「フィデューシャリー宣言」の裏には、その履行を徹底させるための内部統制手続きが整備されています。「フィデューシャリー宣言」自体は金融庁の規制でなくとも、金融機関の内部統制手続き違反は、問題にできるところなので、この側面からも、履行強制力が働きます。

金融庁の立場からすれば、金融機関全体の改革が政策課題のはずですが、個々の金融機関の自主的な取組みを、どのようにして、業界改革へと導くのでしょうか。

全ては、顧客の選択です。一方に、「フィデューシャリー宣言」をする金融機関があり、他方に、しない業者があるとき、誰しも、「フィデューシャリー宣言」をしない業者は、なぜしないのか、もしかすると、できないのではないのか、という自然な疑念をもつでしょう。

「フィデューシャリー宣言」は、その主旨からして、誰にも反対できないものですし、宣言しろといわれて、できないといえるものではありません。ならば、顧客の自然な疑念は、集まって大きな力となり、業界全体を動かすものとなるでしょう。

もちろん、各金融機関は、それぞれに異なる経営環境にあり、異なる運用の方法をもっているのですから、HCアセットマネジメントの「フィデューシャリー宣言」と同じような内容では、宣言できないことは当然です。そこには、各社の創意工夫と経営努力が必要であることは、論を待ちません。

実際、２０１５年8月26日に宣言を公表したセゾン投信では、業態特性に応じた内容になっています。これからは、顧客は、宣言の内容をよくみて、そこにおける金融機関の差別化を検討したうえで、業者の選択をしていくようになるはずです。

金融庁は、投資信託の販売会社にも、フィデューシャリー・デューティーを求めていますが、販売会社の「フィデューシャリー宣言」もありうるでしょうか。

金融庁は、フィデューシャリー・デューティーの履行を、投資判断をなす投資運用業者だけでなく、資産管理を行う信託会社、および、投資信託の販売を行う銀行等や証券会社にも、求めています。

実は、法令上、投資運用業者と信託会社には、実際に機能しているかどうかは別として、忠実義務が課せられていますが、販売会社には、課されていません。ですから、販売会社にこそ、法規範ではないフィデューシャリー・デューティーの履行が求められるのです。

投資信託の販売会社は、投資信託が売れているという事実から、顧客からの信頼を読み取るべきです。信頼されているからこそ投資信託が売れているという現実は、顧客の利益を守ることによってのみ、持続可能なものとなります。ならば、販売会社自身の規律として、「フィデューシャリー宣言」を行うことは、法規範の問題ではなくて、自己の長期的な利益の追求なのだということです。

「フィデューシャリー宣言」を行っている販売会社は、顧客からより厚い信頼を得ることで、「フィデューシャリー宣言」をしない、というよりも、できない販売会社を、業績において凌駕していく、そのような社会のあり方を実現していくことこそ、投資信託の健全なる発展のための基礎条件となるのです。

三井住友信託銀行の「行動規範（バリュー）」

どの金融機関でも、非常に立派な経営理念や社是のようなものを掲げていて、そこでは、お客様本位とか、お客様の信頼に応えますとか、お客様の利益を第一にとか、同工異曲の美辞麗句が並んでいます。どうみても、所詮は、営業用のおまじないと思われますが、さて、それでいいのでしょうか、厳格な規範として、顧客に確約されるべきものではないのでしょうか。

営業用の美辞麗句として、顧客第一主義を掲げることは、いわば、金融機関の「お約束」で、そこに、厳格な規範としての実質的意味を認める人など、いるはずもないわけです。要は、せいぜいのところ精神論であり、多くは、無意味ともいえるおまじないなのです。

しかし、なかには、驚くほどに立派なものもあります。例えば、傑作なのは、三井住友信託銀行の「経営理念」にある「行動規範（バリュー）」です。そこでは、「以下の６つの行動規範を遵守してまいります」として、その第一に、「お客様本位の徹底─信義誠実─」を掲げ、そこで、「私たちは、最善至高の信義誠実と信用を重んじ確実を旨とする精神をもって、お客さまの安心と満足のために行動してまいります」と宣言しています。

この大言壮語は、何なのか。「行動規範を遵守してまいります」という以上、遵守されるべき規範でなければならないはずですが、実際には、贔屓目にみても、厳格な遵守を予定しない心掛け程度のことで、企業としての遵守態勢の構築もなされていないことは自明です。つまり、規範では断じてなく、営業用のおまじないなのです。

それでも、「行動規範」に、カッコ書きでバリューとつけたのは、多少は、気が利いています。

企業が行動規範を定めるのは、いうまでもなく、規範の遵守を通じて、企業価値、すなわちバリューの向上を目指すためですが、企業価値は、顧客のために創出された社会的付加価値の関数ですから、規範は、必然的に顧客第一主義の実践を求めることになります。

ですから、「行動規範」を企業価値（バリュー）と同等のものとする三井住友信託銀行は、その限りにおいて正しいのです。しかし、残念ながら、正しいのはその限りであって、名ばかりの規範で、遵守可能な具体性もなく、履行を保証する態勢もなければ、何の意味もないということです。

その他の投資運用業者の例

三井住友信託銀行ばかりいじめると気の毒ですから、金融のなかでも、投資運用業者に絞って、顧客第一主義に関する他社の「お約束」の事例をみてみましょう。

野村アセットマネジメントの「企業理念」は、「野村アセットマネジメントは、資産運用を託される者として高い倫理観を持ち、お客様からの深い信頼を獲得するとともに健全な運営を指向することにより、資産運用ビジネスを通じて広く社会の発展に貢献します」と述べています。

大和住銀投信投資顧問の「経営理念」は、「高度な資産運用能力の構築をなによりも優先し、お客様から信頼される運用会社を目指します」とし、また、「運用会社としての高い倫理観を持ち、誠実かつ公正な企業活動を通じて社会の発展に貢献します」としています。

他の会社も、同工異曲であって、規範としての具体的意味を有するものは、皆無といっていいほどに、見つけることが困難です。これらに比較すれば、むしろ、三井住友信託銀行のほうが、企業価値との連関をおさえ、言葉のうえだけでも規範としての取扱いになっているだけでも、より優れているといえるほどです。

そうしたなかで、三菱UFJ国際投信の「経営ビジョン」は、少し、高度な次元にあるようです。そこでは、「投信会社としての受託者責任を全うするため、常にお客さまからの「信頼」に応え、お客さまのために行動する」と述べられているのです。

この受託者責任という用語は、もはや古く、金融庁が、より高次のところで、金融機関が自己に課す責任ある規範として、フィデューシャリー・デューティーを導入した以上、遠からず、この用語に改められるのだろうと思います。しかし、ここで重要なのは、そうした用語のことではなく、責任に込めた実質的意味と、「全うする」という言葉使いです。

実際、三菱ＵＦＪ国際投信は、責任を「全うする」ために、合併新会社として、２０１５年７月に発足するに際して、経営会議の諮問機関として、外部の有識者によるアドバイザリー・コミッティーを設置し、そこで、「信託報酬水準の妥当性や新規商品の顧客適合性、説明資料の適切性等について、お客様の視点から意見具申」を行うとする具体的な施策を実施しているのです。

つまり、三菱ＵＦＪ国際投信では、「お客様の視点」に立った経営の徹底を、「全う」されるべき自律的な規範として掲げ、かつ、その履行態勢構築の一環として、アドバイザリー・コミッティーを設置するという具体的施策を実施しているわけですから、もはや大きく、言葉の遊びの次元を超えているのです。

フィデューシャリー宣言を公表した各社

２０１６年９月末時点で、「フィデューシャリー宣言」を公表している主な金融機関は、次の表のとおりです。

これらの会社の宣言は、他社の経営理念等の言葉の上の「お約束」とは、根本的に

会社名	公表年月日
HC アセットマネジメント	2015年 8月21日
セゾン投信	2015年 8月26日
三井住友アセットマネジメント	2015年 8月27日
東京海上アセットマネジメント	2015年10月15日
みずほフィナンシャルグループ	2016年 2月12日
りそなホールディングス	2016年 3月23日
三井住友フィナンシャルグループ	2016年 3月29日
三菱 UFJ フィナンシャル・グループ	2016年 5月16日
ニッセイアセットマネジメント	2016年 5月18日
コンコルディア・フィナンシャルグループ	2016年 9月29日

※りそなホールディングスが公表した「お客さまの資産形成サポートの更なる強化に向けた取組みについて」は実質的なフィデューシャリー宣言といえます。

異なるものであって、金融庁のいう金融機関自身の自主的な取組みとして、フィデューシャリー・デューティーを具現化し、規範化したものです。つまり、それは、金融機関が自分自身に課した厳格かつ具体的な規範として、背後に遵守態勢の構築がなされているものなのです。

例えば、三井住友アセットマネジメントが、その「フィデューシャリー・デューティー宣言」において、「お客さまにとって適切と判断できない商品は決して提供しません」というとき、それが言葉だけに終わらないで、確実に履行される規範として機能するように、内部統制体制が構築されているということです。

言葉だけに終わらせないということは、言葉に規範としての具体的な意味を与えるということです。

金融庁にとって、フィデューシャリー・デューティーは、実際に果たされるべき厳格な規範です。ただし、それは、規制等により金融庁が課す規範（ミニマムスタンダードとしてのルール）ではなく、金融機関自身が企業価値向上のために自己に課す規範（プリンシプルとしてのベストプラクティスの追求）なのです。

しかし、規範である限りは、金融機関としては、規制等と全く同等な遵守態勢の構築をもって、臨むことになります。ということは、全ての規範がそうであるように、宣言に書かれた言葉には、違反かそうでないかが明確になるように、厳密な定義が与えられていなくてはなりません。この点が、言葉だけの「お約束」と根本的に違うところです。

例えば、三井住友アセットマネジメントが「お客さまにとって適切と判断できない商品は決して提供しません」と宣言したとき、何が「お客さまにとって適切」であり、何がそうでないのか、厳密に定義されていない限り、規範としての実効性は生じません。逆に、これが規範である限り、宣言の裏では、厳密な定義がなされていて、判断に疑義がある場合には、経営責任において決定する内部手続きも定められているということです。

みずほのフィデューシャリー・デューティーに関する取組方針

みずほフィナンシャルグループは、２０１６年2月12日に、「〈みずほ〉のフィデューシャリー・デューティーに関する取組方針」を公表しました。金融庁がフィデューシャリー・デューティーの徹底を求めたことに呼応し、主要金融グループの一角において、こうした自主自律的な対応が率先してなされたことは、中長期的企業価値の向上を目指す金融機関経営への転換、および金融機関の自律性を重視する金融行政手法の革新を象徴するものとして、歴史を画するものです。

2016年2月12日

株式会社みずほフィナンシャルグループ

〈みずほ〉のフィデューシャリー・デューティーに関する取組方針について

株式会社みずほフィナンシャルグループ（執行役社長：佐藤 康博、以下「当社」）は、当社グループ全体でフィデューシャリー・デューティー*実践に向けた取組方針を明確化し、対応を強化する観点から、「〈みずほ〉のフィデューシャリー・デューティーに関する取組方針」を策定しました。

＊他者の信任に応えるべく一定の任務を遂行する者が負うべき幅広い様々な役割・責任の総称。

みずほフィナンシャルグループは、『〈みずほ〉の企業理念』において、「お客さまの中長期的なパートナーとして、最も信頼される存在であり続ける」ことをビジョンとして定めるとともに、ビジョンの実現に向けて、「お客さま第一」をはじめとした5つの価値観・行動軸（みずほ Value）を全役職員が共有し、幅広い金融サービスを持つエキスパート集団として、フィデューシャリー・デューティーを全うすべく、お客さまの多様なニーズへの的確な対応や、最高水準のソリューションを提供する取り組みを行っております。

資産運用関連業務におきましては、商品開発、販売、運用、資産管理の各機能が必要となりますが、みずほフィナンシャルグループは、総合金融グループとして、個人から年金基金、地域金融機関等の機関投資家まで、幅広いお客さまの常に変化する多様なニーズに、迅速・柔軟に応えるべく、資産運用関連の商品・サービスの提供に必要な銀行、信託、証券、資産運用の各機能を担うグループ会社をフルラインで有しております。

各機能を担うグループ各社において、これからもお客さまの利益に真に適う商品・サービスを提供し、中長期的なパートナーとして、最も信頼されるグループであり続けるべく、資産運用関連業務に関する〈みずほ〉のフィデューシャリー・デューティー実践に向けた取組方針として、後掲のグループ管理方針、および、機能ごとの対応方針を策定・公表し、お客さまの立場に立った施策を実践してまいります。

【グループ管理方針】

みずほフィナンシャルグループは、フィデューシャリー・デューティーの実践に向け、お客さまの利益を優先することを第一として行動し、お客さまのニーズや利益に真に適う商品・サービスを提供するにあたり、以下をグループ管理方針とし、これを遵守してまいります。

1. ガバナンス

・みずほフィナンシャルグループは、持株会社において、グループの経営の自己規律とアカウンタビリティが機能する企業統治システムを構築しております。資産運用関連業務におきましても、持株会社とグループの運用会社、グループの販売会社と運用会社との間の適切な経営の独立性確保に向けた態勢を構築します。

・「〈みずほ〉のフィデューシャリー・デューティーに関する取組方針」に基づき、グループ各社において実践に向けた具体的なアクションプランを策定・公表するとともに、コンプライアンス部門はその遵守状況について取締役会等に定期的に報告を行います。

2. 業績評価

・グループ各社において、お客さまのニーズ・利益に真に適う取り組みを評価する適正な業績評価体系を構築します。

3. 報酬等の合理性

・お客さまに提供する商品・サービスの内容に合致した合理的な報酬・手数料水準を設定します。

4. 利益相反管理

・グループ内の利益相反管理の高度化に取り組みます。

【機能ごとの対応方針（販売)】

1. お客さまニーズに適した商品ラインアップの構築

(1) みずほ銀行・みずほ信託銀行・みずほ証券のグループベースで、優良な投資の機会をお客さまに提供します。

(2) お客さまの投資視点に基づき、安定的な資産形成に資する商品の採用、および既存商品の見直しを徹底します。

2. お客さまへのコンサルティングを通じた投資商品の提供

⑴ お客さまそれぞれのゴールを的確に捉えるべく、お客さまの資産・負債状況やお客さまが受け入れ可能なリスクの度合い等の正確な把握に努めます。

⑵ 商品のリスクや手数料等も含め、商品特性等に係るお客さまの理解向上に資する適切かつ質の高い情報に基づくコンサルティングを行います。

⑶ 継続的に付加価値の高いサービスを提供するため、コンサルティング手法の高度化や、最新のテクノロジー等も活用した新たな提案手法の探求に努めます。

⑷ 付加価値の高いサービスを適切なコストで提供する観点から、透明性の高い各種手数料設定とします。

3. お客さまそれぞれのゴールの実現に向けたアフターフォローの実施

⑴ アフターフォローを通じた、お客さまの適切な投資判断に資する情報提供とアドバイスを行います。

⑵ 安心して取引を継続いただけるよう、堅確な業務の遂行と高度化に努めます。

4. お客さまが安心して安定的な資産形成を実現するための基盤の構築

⑴ お客さまの金融・投資知識の向上に役立つサービスの充

実を図ります。

⑵ お客さまそれぞれのゴールの共有に努め、その実現に向けた最高水準のコンサルティングサービスを提供できるように、組織的な人材育成等の高度化に努めます。

【機能ごとの対応方針（運用・商品開発）】

1. 運用の高度化

⑴ 人材・運用基盤の強化を通じた投資判断や分析能力の高度化により、お客さまに最高水準の付加価値を提供します。

⑵ お客さまの資産運用ニーズに対する最適なソリューションを提供し続けるため、既存の運用手法の改善や新たな手法・投資機会の探求に邁進します。

2. 商品品質の向上とお客さまニーズを捉えた商品開発に向けた不断の取り組み

⑴ 商品の適切なリスク管理やチェックを通じて、市場環境の変化に対応すべく、継続的に商品品質を向上します。

⑵ お客さまのニーズを的確に捉え、運用のプロとしての知見をもって、お客さまの安定的資産形成に資する商品開発を行います。

⑶ 優れた商品を適切なコストで提供すべく、お客さま目線に立った透明性の高い運用報酬を設定します。

3. お客さまの立場に立った情報提供やサービスの充実

⑴ お客さまの第一の相談者となるべく、クオリティーの高

いサービスを実行します。

(2) 利便性とわかりやすさを意識した適切な情報提供を行います。

(3) お客さまの金融・投資知識の向上に役立つサービスの充実を図ります。

4. ガバナンス強化

(1) お客さまの利益を第一に考える組織体制を一層強化すべく、運用会社としての独立性を高めた業界最高水準のガバナンス態勢を構築します。

(2) 新商品の開発に係る意思決定は、コンプライアンス部門を含めた透明性の高いプロセスと客観的な評価に基づき実行します。

【機能ごとの対応方針（資産管理）】

1. 資産管理サービス提供体制の強化

(1) グローバル化・高度化するお客さまの資産運用ニーズに着実に対応し、お客さまからお預かりした資産にかかわる保管、決済、各種レポーティング等の資産管理サービスを、常に変わらぬ高品質でお客さまに提供し続けるため、事務・システム基盤の充実や高度な専門性を備えた人材の育成に継続的に取り組みます。

2. サービス品質の向上と新規サービスの開発に向けた取り組み

⑴ お客さまに安心して資産を預けていただけるよう適切な信託財産管理を行いつつ、資産管理に係る幅広い分野で、常に新しいサービスの開発に努め、多様化・高度化するお客さまのニーズを常に先取りした最適なソリューションの提供を目指します。

⑵ お客さまに提供するサービス内容に合致した資産管理報酬を実現するため、資産管理報酬設定プロセスの定期的な検証を行います。

3. お客さまの投資活動を支える情報提供の高度化

⑴ お預かりしている資産状況に係る正確なレポーティングに加え、お客さまの投資管理の高度化に資する各種情報提供サービスの充実に努めます。

以上

販売、運用・商品開発、資産管理の機能ごとの対応方針に基づき〈みずほ〉グループ各社が策定したフィデューシャリー・デューティー実践に向けたアクションプラン（概要）（※）につきましては、以下のとおりです。

（以下略）

みずほフィナンシャルグループの今回の「〈みずほ〉のフィデューシャリー・デューティーに関する取組方針」（以下、「取組方針」）の公表については、背景の事情として、金融機関の自律と創意工夫を重視する金融行政手法の転換と、中長期的な企業価値向上を目指すコーポレートガバナンス・コードのもとでの金融機関経営の転換とをおさえておかないと、その深い歴史的意義を理解しえないと思われます。

そもそも、フィデューシャリー・デューティーとは何か、そこから始めないと、理解し難いのではないでしょうか。

フィデューシャリー・デューティーとは、金融機関の資産運用関連業務全般についていわれることで、専らに顧客のために、ということに尽きます。このことは、みずほの「取組方針」においては、「お客様の利益を優先することを第一として」等の表現で、記述されています。

みずほは、「取組方針」において、正しい問題認識のもと、重要な経営原則を掲げています。まず、「持株会社とグループの運用会社、グループの販売会社と運用会社との間の適切な経営の独立性確保に向けた態勢を構築します」とし、さらに、「グループ内の利益相反管理の高度化に取り組みます」としているのです。

これらの表現は、大きな金融グループとして、資産運用において、結果的なグループ内取引等の発生や、顧客の重複に伴う一定の情報連携等の可能性を考慮したうえで、それらが専らに顧客の利益を意図したものであることの確認等を経てなされるように、グループ内部の統制を確立することを意味しているはずです。

実際、取締役会の関与を含む高度な統制態勢が言明されており、金融グループとして、画期的な宣言となっています。

フィデューシャリー・デューティーの履行強制力

ところで、フィデューシャリー・デューティーは、少なくとも現段階では、法令等の対応がないものですが、金融庁として、その履行強制力については、どう考えているのでしょうか。

金融庁は、金融行政全体について、ルール（規制）からプリンシプル（金融機関の経営原則）へ、という歴史的転換を断行しました。したがって、フィデューシャリー・デューティーについても、それを具現化する規制等の導入は予定されておらず、どこまでも、金融機関自身のプリンシプルによって、実現されるべきものとされ、金融庁の機能は、金融機関の創意工夫と自主自律的行動を支援することとされています。

当然のこととして、投資運用業者に限らず、資産運用関連業務を行う全ての金融機関において、フィデューシャリー・デューティーは強く意識されていることなので、宣言の公表についても、検討しているところは少なくないとみられてきましたが、2015年に投資運用業者4社が公表して以降、後続はありませんでした。そこへ、2016年2月、みずほが金融グループとしての「取組方針」を公表したことは、フィデューシャリー・デューティーの徹底にとって金融グループ内の利益相反取引の一掃が現実的に大きな意味を有する以上、今後の金融界の方向を決定付けるものとして、画期的な意義をもちます。

他のメガバンクグループも追随しましたが、みずほにとって、その先鞭をつけたことは、資産運用業務の改革の旗手として、業界における指導的役割を演じるべく、重要な第一歩となるでしょう。みずほの今後の展開に、大いに期待します。

自主的な取組みの利益

金融機関にとって、フィデューシャリー・デューティーの自主的な取組みの利益は何でしょうか。まさか、金融庁からの評価の点数を上げることが目的ではないでしょう。

金融庁が規制による改革を放棄したのは、金融機関が短期的な利益の追求を図る限り、顧客の損失のうえに金融機関の利益を形成するような行為を抑制できないし、短期的な利益追求という経営姿勢を規制によっては変ええないことを覚ったからです。

規制の強制から経営姿勢の改革へ、ルールからプリンシプルへとは、そういう意味です。フィデューシャリー・デューティーの実践とは、金融機関の経営姿勢において、短期的な利益の追求から中長期的企業価値の追求への転換を促すことにほかなりません。

例えば、販売会社の利益主導で作られたとしか思えない投機的で奇抜な投資信託でも、それが売れているという事実は、顧客からの信頼を前提にしないわけにはいきません。短期的な利益追求とは、その信頼を利用し、最終的に裏切ることであって、持続可能性のないものです。

それに対して、金融機関として、持続的な成長、すなわち、中長期的な企業価値の向上を目指すならば、顧客からの信頼を守り、それを、より高度な信頼関係、すなわち、フィデューシャリー関係（日本語を充てるとすれば、信認関係）へ高めることで、安定的な取引継続による事業の拡大を図るほうが得であるはずです。

例えば、投資信託についていえば、より多くの販売時手数料を得ようとして、次々と奇妙な投資信託を投入しても、裏では費用が嵩み、また、解約も進むので残高は伸びませんが、真に顧客の利益に適った投資信託を適正な手数料で販売すれば、残高は伸びて、残高比例報酬が増加する一方、相対的に経費率が改善して、中長期的な利益につながります。

フィデューシャリー・デューティーとは、規制ではなくて、中長期的な企業価値の向上を目指す金融機関のビジネスモデルなのです。中長期的な企業価値の向上を求めるコーポレートガバナンス・コードの主旨と同じです。

金融庁の施策は、全体的に高度に整合的に作られています。巨大な上場企業であるみずほフィナンシャルグループは、コーポレートガバナンス・コードとフィデューシャリー・デューティーの主旨を同時に実現するものとして、「取組方針」を公表したのだと思われます。それは、合理的報酬の考え方に、象徴的に表れています。顧客に対して、合理的報酬を約束することと、株主に対して合理的な資本利潤を約束することは、中長期な視点においてのみ、矛盾なく一致するからです。

みずほの資産運用改革、さらなる徹底を！

規制によって実現できないことは、資産運用関連業務に携わるもの自身の自律として、各金融機関の経営原則（金融庁は、片仮名でプリンシプルと呼びます）として、実現しなくてはなりません。それが「〈みずほ〉のフィデューシャリー・デューティーに関する取組方針」の背景であって、みずほは、顧客の利益を第一とする経営原則を確立し、顧客に対して確約するために、取組方針を公表したわけです。

確約したことを履行できないとしたら、みずほに未来はありませんから、この確約は、みずほの経営責任において、貫徹されるはずのものです。

さて、みずほの取組方針のどこが画期的なのでしょうか。それは、総合金融グループとして、持株会社のみずほフィナンシャルグループの名のもとに公表されことです。

金融庁は、資産運用関連業務について、顧客の利益の視点から、幅広くフィデューシャリー・デューティーの徹底を求めているのですが、先行した4社は、いずれも投資運用業の専業者であって、その「フィデューシャリー宣言」は、対象として、投資信託の販売や資産管理の業務を含んでいません。

それに対して、みずほは、資産運用関連業務の総体を傘下にもつ総合金融グループとして、フィデューシャリー・デューティーの徹底へ向けた総合的な取組方針を公表したのであって、金融庁の施策の主旨を最もよく体現するものとして、極めて重要なのです。

特に、金融庁の問題意識として、早期是正が強く求められているのは投資信託の販売なのですが、これまで、なぜか銀行や証券会社等の販売会社からの具体的な反応がなかっただけに、みずほの今回の動きは、業界を先導するものとして、決定的な影響を与えたものと考えられます。

内容面では、どこか画期的なところがあるのでしょうか。

フィデューシャリー・デューティーは、その性格上、画期的な内容を含むものではありえません。そうではなくて、愚直なまでに徹底して、専らに顧客の利益のために働くことに尽きるのです。あえてその内容を整理すれば、三つのことに集約されます。

第一は合理的報酬、第二は利益相反取引の排除、第三はベストを尽くす義務です。

合理的報酬の考え方とは、専らに顧客の利益のために働くとしても、事業として行う以上、金融機関として、一定の報酬を得なくてはならないのですが、その算定においては、提供した役務との関連において、過大でも過少でもなく、まさに適当な金額が課されていることについて、合理的な説明がなされなくてはならないということです。

具体的に、特に問題となっている点は、投資信託の販売会社が課している手数料等（販売時手数料と、信託報酬のうちの販売会社取り分）です。金融庁がフィデューシャリー・デューティーを導入したとき、業界の反応としては、この手数料等が不当に高いとの金融庁の認識を示すものと受け止められたと思われますが、実は、金融庁は、水準を問題としているのではなくて、合理性を問題にしてきたのです。

つまり、高額な手数料等に対して、それを正当化するに足る役務の提供があるのか、という問題提起です。これに対して、高すぎるならば引き下げますということでは、あまりにも表層的な対応になってしまいます。

この点、みずほは、グループの理念として、「お客さまに提供する商品・サービスの内容に合致した合理的な報酬・手数料水準を設定します」としたうえで、販売については、「付加価値の高いサービスを適切なコストで提供する観点から、透明性の高い各種手数料設定とします」とし、さらに、具体的なアクションプランとして、「手数料に係る考え方を明確化します」としているのです。

「合理性」、「透明性」、「明確化」となれば、役務と手数料等との関連について、明確な基準を作成して、顧客に対して開示することも予定されているのでしょう。だとすると、それは、極めて先駆的な行為として、業界に大きな影響を与えること、必至でしょう。

利益相反についての取組みは、どうでしょうか。

専らに顧客のためにということは、第三者の利益を一切考慮してはならないということですが、例えば投資信託について、資産運用を行う部門と、販売を行う部門とは、それぞれ相互には第三者の立場になりますので、厳格な対応が要求されます。

つまり、販売会社は、専らに顧客の利益のために、運用会社を選択しなければならず、運用会社は、専らに顧客の利益のために、販売会社を選択しなければならないわけで、最初から金融グループ内の部門間取引を想定することは不可能になります。金融庁も、系列重視の取引として、問題視してきたことです。

この点、みずほは、持株会社との関係、および各部門間の関係において、「適切な経営の独立性確保に向けた態勢を構築」するとし、また、「グループ内の利益相反管理の高度化に取り組みます」としていて、現状の改革を表明しています。特に、資産運用を担う部門については、「お客さまの利益を第一に考える組織体制を一層強化すべく、運用会社としての独立性を高めた業界最高水準のガバナンス態勢を構築します」とのことです。

ベストを尽くす義務については、どうでしょうか。

合理的報酬や利益相反の排除は、フィデューシャリー・デューティーの本質であり、核心であると同時に、最小限の内容でもあります。資産運用の実績において、優れた成果を生んでこそ、真に顧客の利益に適うことは、いうまでもありません。ただし、成果を保証できない以上、資産運用に携わるものとしてできることは、顧客の利益のためにベストを尽くすことしかありません。

また、資産運用は、専門的能力を備えた個人（これも、片仮名でプロフェッショナルと呼ばれます）の力量に依存するものです。ですから、金融グループとして、ベストを尽くすということは、具体的には、プロフェッショナル人材の育成と登用に帰着するのです。

この点、みずほでは、資産運用を担う会社について、「次世代を担う運用専門人材の戦略的育成を行います」としたうえで、「運用専門人材の業績評価を、より実績に連動した体系となるよう構築します」としています。他方で、資産運用会社の経営の独立性も強調されているので、内部における人材の育成とあいまって、日本の金融グループのなかにも、真の運用のプロフェッショナル組織が生まれてくる可能性が開けてきました。みずほの今後の展開には、大いに期待したいところです。

みずほの取組方針で不十分な点

「〈みずほ〉のフィデューシャリー・デューティーに関する取組方針」は、みずほの改革の第一歩を示すもので、全ては今後の展開次第でしょうが、この取組方針のなかで、未だ不十分なところがあるとしたら、どこでしょうか。

おそらくは、策定過程において検討されたことの全てが公表された取組方針のなかにとりこまれたのではないのでしょう。継続検討対象として、残された課題も多いはずです。ですから、今ここで、あえて不十分な点を指摘するにしても、みずほにおいては、とうに承知のことなのだと思われます。

まずは、みずほ信託という組織の将来です。みずほでは、2016年10月1日、傘下のDIAMアセットマネジメント、みずほ信託銀行（資産運用部門）、みずほ投信投資顧問および新光投信の資産運用事業を統合して「アセットマネジメントOne株式会社」を発足しました。統合新会社へは、みずほ信託の資産運用業務も移管統合されたわけです。ならば、なぜ、銀行業務もみずほ銀行へ統合しないのでしょうか。

もしも、みずほ銀行へ銀行業務を移管統合すると、みずほ信託に残された中核業務は、資産管理だけとなりますが、この資産管理業務こそ、みずほの取組方針において、運用、販売と並んで、三つの柱を形成するものとして、位置づけられているのですから、むしろ、みずほ信託は、資産管理の専業会社として、組織的にも明確化されるべきなのではないでしょうか。

また、投資信託の販売においては、みずほ銀行とみずほ証券との間で、顧客類型の差等に基づく差別化を図っていくのでしょうか。これまでのみずほは、銀行と証券の統合（いわゆる銀証統合）を推進してきたのですが、取組方針において、顧客の利益を第一とする姿勢を明確にしていけば、自然と顧客類型ごとの精緻な対応も必要になってくるはずで、ならば、銀証統合にも、見直しの必要がでてきはしないのでしょうか。

さらに、海外の資産運用会社の買収戦略も明確にしてほしかった。実際、みずほでは、２０１５年9月に、Matthews社と、アセットマネジメントビジネスにおける戦略的な資本・業務提携をしていますが、運用能力の高度化を急ぐならば、より積極的な買収政策が必要だろうと思われます。

最後に、第一生命のフィデューシャリー・デューティーに関する取組方針は、どうなっているのでしょうか。みずほの新運用会社は、第一生命が大株主となります。一方の株主が取組方針を公表しているのに、他方の株主が公表しないのは、少しおかしいような気もします。２０１５年9月30日公表の「資産運用会社の統合に関する基本合意について」において、次のように述べられていることからも、なおさらです。

「資産運用ビジネスを取り巻く環境の変化とともに、運用会社の果たすべき役割がますます重要になる中、株式会社みずほフィナンシャルグループと第一生命保険株式会社は、資産運用に係わる両社の経営資源・英知を結集させることにより、「質」「量」ともに本邦ひいてはアジア№1の資産運用事業基盤を共同で構築し、あらゆるお客さまのニーズにお応えするグローバル運用会社への発展、及び新会社ビジネスを通じた市場成長への貢献を目指すものです。」

さらに、2016年3月3日公表の「資産運用会社の統合に係わる一部主要事項の内定について」では、次のように述べられています。

「統合4社では、お客さまの利益に真に適う商品を提供し、中長期的なパートナーとして最も信頼・評価される運用会社であり続けるべく、先般、フィデューシャリー・デューティーの実践に向けた取組方針を各社で策定・公表いたしました。新会社においてもこの取組方針を継承し、お客さまの立場に立った具体的な施策としてのアクションプランを実践していくことで、フィデューシャリー・デューティーを全うし、お客さまへ最高水準のソリューションを提供する運用会社を目指してまいります。」

その後公表された宣言はどうか

みずほフィナンシャルグループがフィデューシャリー・デューティーに関する取組方針を公表した後、三菱UFJフィナンシャル・グループと三井住友フィナンシャルグループも、同様の取組方針や宣言を公表しています。

これらを比較するとき、後に公表されたものほど、内容が充実し、高度化していなくてはならないはずです。なぜなら、金融庁にとって、フィデューシャリー・デューティーの実践とは、各金融機関のベストプラクティスの追求なのであって、当然、そこには、真の競争、すなわち各社の切磋琢磨がなければならないからです。

もしも、真の競争がある、いいかえれば、単なる横並びでないのならば、後のものは、前のものを学び、そこに必ず、新しい何ものかを創造的に付加することで、前のものを凌駕するように努めるはずです。そうすることで、フィデューシャリー・デューティーの深化を図る、それが業界全体としての顧客に対する責任というものです。

ところが、実際には、そのように、後のものほどよくできているという事実はないようです。むしろ、最初に公表されたみずほのものに、他社が追随しただけというような感じです。三菱ＵＦＪフィナンシャル・グループのものは、みずほのものに似てはいますが、一歩進化させたというよりも、数歩退化しており、三井住友フィナンシャルグループのものに至っては、失礼な言い方をすれば、一応は宣言してみたというだけの甚だ薄っぺらなものになってしまっています。

まず、三菱ＵＦＪのものは、一見して明らかなように、みずほのものを形式的に踏襲しただけであって、そこに、新たな創意工夫の跡を認めることはできません。逆に、内容面においても、表現面においても、みずほのものからの後退が顕著です。特に、表現面の後退は大きな問題です。

みずほのものでは、冒頭におかれた「グループ管理方針」において、四つの基本方針が宣言されているのですが、いずれも、「します」という断言の形式がとられ、履行の確約がなされています。例えば、「報酬等の合理性」については、「お客さまに提供する商品・サービスの内容に合致した合理的な報酬・手数料水準を設定します」というような具合です。

ところが、三菱ＵＦＪのものでは、ほとんどすべての項目において、「努めます」という曖昧な努力目標にすぎないものになっています。また、フィデューシャリー・デューティーの中核であるはずの「報酬等の合理性」については、明示的な言及すらなく、情報提供の次元において、「手数料の透明性向上を図ってまいります」という表現をするにとどまっているのです。

結果として、みずほの例では、フィデューシャリー・デューティーの確かな実践を前提としているだけに、具体的なアクションプランに進みうるのに対して、三菱ＵＦ

Jのものでは、単なる努力目標にすぎないがゆえに、具体的な行動につながるようにはみえないのです。ましてや、三井住友のものになれば、努力目標からさらに後退して、精神規定化してしまうのです。

薄っぺらなフィデューシャリー宣言をするくらいなら、むしろ、宣言をしないほうがいいと思えます。なぜなら、フィデューシャリー宣言は、金融庁のルールによって行うものではなくて、各金融機関の経営判断で行うものだからです。形だけのフィデューシャリー宣言で、お茶を濁そうというのは、伝統的な横並び意識にすぎず、そこには、金融行政の革命的転換に対する全くの無理解すら、感じないわけではありません。

そもそも、フィデューシャリー・デューティーが各金融機関の自主自律的な宣言や取組方針の公表という形で導入されているのは、フィデューシャリー・デューティーの中核理念をどうとらえるか、すなわち、専らに顧客のためにということをどうとらえるかは、各金融機関の固有のビジネスモデルの問題であり、経営者の見識の問題だからです。

顧客の視点に立ったビジネスモデルの確立ができておらず、経営者の見識も定まっていなければ、薄っぺらな形だけのフィデューシャリー宣言しかできません。逆に、経営者の自覚のもと、顧客の視点に立ったビジネスモデルの抜本的再構築を目指すならば、改革のアクションプランを含むしっかりした内容の宣言になるはずです。

要は、金融機関が真剣に改革を目指すならば、簡単には、フィデューシャリー宣言など、できないということです。薄っぺらなフィデューシャリー宣言の乱発になるくらいなら、フィデューシャリー宣言など、もう、出てこないほうがいいでしょう。

大切なことは、宣言することではなくて、顧客の視点に立った経営改革を断行することです。改革の結果、フィデューシャリー・デューティーの履行徹底を顧客に確約できるようになれば、宣言することに、何ら、妨げはないでしょう。

金融庁が懸念するのは、形だけの内容のない宣言をする金融機関の存在と、改革を放棄し、宣言する気を最初からもたない金融機関の存在です。金融庁としては、こうした金融機関に対して、ルールによって、真の改革を促すことはできない以上、どうにもしようがありません。

結局、改革の決め手は、顧客の選択なのです。顧客の視点に立った改革に取り組んでいる金融機関が顧客から選択される、そのような世の中になることが重要なのです。

そのとき、フィデューシャリー宣言の内容と履行状況は、顧客が金融機関を選ぶときの基準となり、金融機関の企業価値を示す指標となります。

こうして、金融機関にとって、フィデューシャリー・デューティーは企業価値となり、フィデューシャリー宣言は企業価値を表示するブランドとなります。このブランドの次元においてこそ、金融機関の真の競争があり、その競争が金融庁のいう金融機関間の真の切磋琢磨なのです。

第3章

Fiduciary Duty

金融庁の歴史的な方針転換

フィデューシャリー・デューティーの長く広い射程

金融庁は、2014年9月に、フィデューシャリー・デューティーを初めて導入し、その後も、重点施策として徹底を図っています。これに対して、金融界は、未だに、金融庁の真意を十分には受け止めえてはいないようです。それは、フィデューシャリー・デューティーが、金融行政手法の革命的転換の象徴として、大きな背景をもつからなのですが、では、その射程は、金融全体のどこにまで及びうるのでしょうか。

2014年9月に、金融庁は、「金融モニタリング基本方針」を公表し、そのなかで、フィデューシャリー・デューティーという言葉を初めて用いました。そのとき、それが英米法の規範であるだけに、なぜ、日本で英米法なのか、その異様さに、金融界はとにかく、非常に驚いたわけです。

驚きつつも、常識的な解釈としては、日本の忠実義務を高度化したもの、というのが金融界の一般的な受け止め方だったと思われ、それをどのようにして、日本の規制環境のなかで具体化するのか、そこに関心が集中していたと思われるのです。

つまり、金融界としては、従来の規制当局としての金融庁像からして、フィデューシャリー・デューティーを具現化した規制の強化を予想したと考えられるのです。また、フィデューシャリー・デューティーに言及された箇所は、誰がどうみても、投資信託を強く念頭に置いているとしか思えない文脈のなかにあったので、投資信託に関する新しいルールの策定と受けとられたとしても、自然なことだったのです。

規制から自律的改革支援への転換

ところが、フィデューシャリー・デューティーの登場から2年たっても、金融庁からは、具体的なルール等は示されていません。

２０１５年9月、金融庁は、「金融行政方針」を公表しています。２０１４年は「金融モニタリング基本方針」と呼ばれていたものが、名称変更されたのですが、単なる名前の問題ではなくて、背景には、「金融行政の目的」として、狭い金融規制の枠を脱却し、金融機能の強化を通じた「国民の厚生の増大」を掲げるに至った金融庁の抜本的路線転換があります。

この「金融行政方針」でも、フィデューシャリー・デューティーは、一段と強調されていて、「フィデューシャリー・デューティーの徹底を図る」という厳しい表現すら使われています。しかし、だからといって、徹底を図るための具体的施策が書かれているわけではなく、そのかわりに、「民間の自主的な取組みを支援する」とされています。

このことは、「金融行政方針」において、金融庁の役割を、「金融機関が取るべき行動等について、これを仔細に規制するのではなく」、「金融機関等の創意工夫を引き出すことで」、「自主的改善を促していく」としていることに一致します。

つまり、今の全く新しくなった金融庁の行政手法は、金融庁が主体となって金融機関に規制を課すことではなくなり、替わって、金融機関が主体となって、自主的な取組みとして、創意工夫により自律的改善を図るように金融機関を促し、支援することになったのです。

金融庁の役割は、規制から、金融機関自身による自律的改革の支援へと、革命的転換を遂げたということです。その意味で、2015年の「金融行政方針」が金融界に与えた衝撃は、2014年の「金融モニタリング基本方針」が変革の予兆を与えていたからこそ吸収可能だったといえるほどに、大きなものなのです。

2014年に導入されたフィデューシャリー・デューティーが未だにルール化され

ていないのは、既に２０１４年において、金融庁の方針転換を先取っていたからなのです。

フィデューシャリー・デューティーの真の斬新さは、実は、英米法の概念の導入であることにではなくて、その射程の長さと広さにおいて、また、適用の方法において、金融庁の全く新しい行政手法を象徴的に表現するものとして、先行的に取り上げられたことにあると思われます。

フィデューシャリー・デューティーに限らず、今後の金融行政は、法令等のルールの策定による規制ではなくて、金融機関自身による自主的な取組みを促すことで実施されていきます。その際、金融庁の役割として重要なことは、金融機能の強化による「国民の厚生の増大」という金融行政の目的にそって、全体の調和的展開を実現すべく、金融機関に対して、理念的指針、あるいは理想像を示すことです。

では、何によって指針を示すのか。もしも、金融機関が具体的に進むべき方向を示せば、それは、規制による改革と大差ないものになるでしょう。ですから、金融庁としては、「国民の厚生の増大」は、金融機関が真に顧客の利益に適うように行動することによってのみ実現するという正論以上には、具体的に踏み込めない、あるいはあえて踏み込まないのです。

フィデューシャリー・デューティーは金融の全分野に適用

ところで、真に顧客の利益に適うこととは、最高度の次元において顧客に忠実であることであり、それこそ、まさに、フィデューシャリー・デューティーの意味そのものなのです。

フィデューシャリー・デューティーの導入は、投資信託改革という狭い領域の問題ではありません。

フィデューシャリー・デューティーは、規制の強化でもなく、新しいルールの導入でもなく、投資運用業等の問題でもなく、ましてや、狭い投資信託の問題なのではなくて、真に顧客の利益に適うべきこと、あるいは、専らに顧客の利益のために行動すること、という一般的な原理的規範を象徴するものとして、長く広い射程をもつのです。

金融庁は、「国民の厚生の増大」という金融行政の目的にそって、金融機能の高度化を目指したとき、金融機関に示すべき理念的指針として、フィデューシャリー・デユーティーを導入したと考えられるのです。

このことは、２０１４年の「金融モニタリング基本方針」において、重点施策の第一位に、「顧客ニーズに応える経営」が掲げられ、第三位に掲げられた「資産運用の高度化」のなかで、フィデューシャリー・デューティーへの言及がなされたことからも、読みとれます。

「顧客ニーズに応える経営」を徹底し、専らに顧客の利益のために行動することにまで高めること、それを英米法の用語を借りて表現すれば、フィデューシャリー・デューティーを実際に果たすことになるわけで、そのことを、例示として、投資信託の現況を念頭に置きつつ、「資産運用の高度化」との関連において表現していたのが２０１４年の「金融モニタリング基本方針」だったのです。

ですから、それは、英米法の概念そのものではなくて、その理念を抽象し、その用語を借用して、金融庁自身の行政の理念的指針として、いわば、素描として提示されていたものにすぎず、その素描のうえに、投資信託に関連した投資運用業等の分野を超えて、金融の全ての領域にわたって、金融機関の多様な創意工夫によって、色付けされていくことが予定されていたと思われるのです。

フィデューシャリー・デューティーは、法令等のルールでない以上、理念的指針として、金融の全分野に適用できるだけの射程の長さと広さがある、そこに、新しい金融行政の手法の斬新さがあるのです。

金融界は、フィデューシャリー・デューティーについて、そこまでの射程を想定することができていなかったし、今でも、十分には、理解が進んでいません。例えば、金融庁が投資信託の販売会社にもフィデューシャリー・デューティーの徹底を求めていることについて、関係者の多くは、真意を理解できていないようです。

フィデューシャリー・デューティーは、英米法の国では法規範ですが、そこでは、投資信託の販売会社がフィデューシャリー・デューティーを負うとは考えられていませんし、日本法のもとでも、投資信託の販売会社は忠実義務を負っていません。

それなのに、なぜ、金融庁は、投資信託の販売会社にもフィデューシャリー・デューティーの徹底を求めるのか、そこに、金融界の大きな疑問があったし、おそらくは、今もあるのです。しかし、上記のように、フィデューシャリー・デューティーを、金融機関自身による自律的改革のための理念的指針として理解する限り、問題は簡単です。

販売会社には、ルールとしてのフィデューシャリー・デューティーが課されることはないのですから、経営者に、顧客の視点に立った自律的変革への意思がないならば、無視すればいいのです。それで経営が成り立つと思うのならば、それでいいでしょう。

　それに対して、金融機関として、中長期的な自己の利益の持続的成長を考えたときには、まともに統制された優れた企業の合理的判断として、顧客の利益の視点に立った改革が必要だと考えるのが自然でしょうから、自律的取組みとして、フィデューシャリー・デューティーの内部規範化を志向するでしょう。

　銀行業、保険業、金融商品取引業、信託業など、金融の全ての領域について、同じことがいえます。

　フィデューシャリー・デューティーという用語を用いるかどうかは別として、理念的指針として、専らに顧客の利益のために働くことが金融機関自身の利益につながるという信念、まさに金融庁のいう「好循環」への信念は、金融業にとって、その高度な社会性を考えるとき、普遍的なものであるはずです。

　今、金融界の全ての人にとって、一番大切なことは、投資運用業において自律的改革として具現化し始めたフィデューシャリー・デューティーについて、その理念的指針としての性格を十分に理解し、各自の業務分野への自律的適用を考えることです。そうすることで、必ずや、日本の金融機能は向上し、「国民の厚生の増大」に貢献できるのです。

フィデューシャリー・デューティーを規制と考える金融機関に未来はない

金融庁が金融機関に対してフィデューシャリー・デューティーの徹底を求めているからといって、それは金融規制の強化ではありません。なにしろ、金融庁からは、施策を具現化したルールなど、何一つ出されていないのですから。フィデューシャリー・デューティーは、各金融機関の自主的な取組みとして、徹底されるのです。では、金融機関の取組みへの誘因は何か。いうまでもなく、企業価値の向上です。

フィデューシャリー・デューティーの問題を、法務部門を中心にして、法令等のルール遵守の見地から検討しているような金融機関に、将来は全くないでしょう。そのような金融機関は、金融庁における行政手法の転換、2014年の「金融モニタリング基本方針」に始まり、2015年の「金融行政方針」において一段と明確にされた革命的ともいえる大転換を、少しも理解できていないのです。

フィデューシャリー・デューティーは、金融機関自身による自主的な取組みとされています。

自主的な取組みなので、金融庁からルール等は出てこないのです。ルールについては、考えることなく、受動的に対応できます。しかし、自主的な取組みとなると、能動的に考えて行動しなければなりません。ところが、残念ながら、というよりも驚くべきことに、今の金融機関には、この自主的に考えること、まさに理性を備えた人間としての基本行動ができないのです。

これには、多少とも不幸な背景があります。金融庁は、発足以来、まさに発足の経緯からしてやむをえない面もあって、金融機関にルール遵守を徹底させることに最大の力点を置いてきたので、長い時間の経過とともに、金融機関の対応は、自主的に考える自律的な姿勢（程度はともかく、あるにはあったと思われます）を失い、無反省的に従うものに、退化してしまったのです。

要は、ルール遵守で馬鹿になったわけです。馬鹿になったという意味は、ルール遵守で、自律的な思考力が著しく低下したということですが、それだけではなく、より深刻な問題は、ルールさえ遵守していれば、何をやってもいいという道徳的頽廃をもたらしたことです。

金融庁が大胆な路線転換に踏み切った背景の一つに、著しく投機性の高い投資信託が、著しく高額な手数料のもとで、大量に販売されていて、投機性ゆえに生じた収益も、手数料等を控除すれば、投資家には何も残らないという事態が横行していたにもかかわらず、金融商品取引法等のルールに照らしたとき、何らの違反もなかったという衝撃的な事実があります。

例えば、当時、大手銀行等が販売する投資信託には、本来はユーロ建てであるはずの欧州ハイイールド債券を、豪ドル建てにしたものがありました。これは、為替予約の際に、豪ドルとユーロの金利差分がプレミアムになることから、表面的な利回りが高くなることを狙ったものです。

そもそも、ハイイールド債券というのは、信用リスクの高い企業が発行した低格付けの債券のことであって、それなりに高リスクな投資対象です。その上に、さらに、ユーロと豪ドルとの間の金利差のリスクと、円と豪ドルとの間の通貨変動リスクとを付け加えるということですから、これは、相当に高リスクな投資対象になってしまいます。

この種の投資信託は、本来の投資対象のリスクの上に、さらに特殊な通貨に関するリスクを加えることで、リスクが二階建てになることから、ダブルデッカー（あの有名なロンドンを走る二階建てバスのこと）と呼ばれていました。

同工異曲の例としては、例えば、二階部分を、豪ドルではなくて、トルコリラにしてみたり、一階部分が米国のハイイールドだったり、はては日本株だったり、とさまざまな奇抜なものがありました。日本株をブラジルレアル建てで提供するなど、常軌を逸したことが横行していたわけです。

この種の投資信託は、表面的な利回りこそ高いですが、潜在的なリスクは極めて大きいうえに、銀行等の販売会社は、販売時の手数料として、販売額の３・０％～３・５％、その後も毎年、管理手数料として、残高の０・75％程度、さらに運用会社も同程度の運用報酬を取っていたのです。

個人投資家は、こうした複雑な商品の仕組みや、潜在的リスクの大きさ、極めて高額な手数料等につき、完全に理解していたのか、また、販売会社の銀行等は、こうした点について、十分な説明をしていたのか、そして何よりも、こうした投資信託は、顧客の利益を第一に考えて設計・販売されたものなのか、大きな疑義があったのです。

そこで、金融庁は、大手銀行を含めた販売会社を重点的に検査しましたが、検査の結果、法令等に違反する取引は、事実上、皆無だったことがわかりました。このことに、金融庁は大きな衝撃を受けたと思われます。

なぜ、違法の事実がなかったかといえば、表面的なルール遵守は、例えば、リスク等についての投資家の同意書の取り付け等、徹底的になされていたからです。しかし、同意書に判が押してあるからといって、法令上は、投資家の理解があったとみなせても、実質的に、投資家の理解があったとは限らないのです。

また、巧妙な販売手法として、ダブルデッカー型の投資信託を積極的に推奨したのではなくて、販売額ランキングの上位にあることを示して、売れ筋はこれです、というような話法がとられていたことも知られています。実際、自分で投資信託を選べない顧客が売れ筋につくのは、自然なのです。

こうして、いくら規制を強化しても、金融機能は少しも良くならないことが判明したので、金融庁は、ルール主義、すなわち、形式的な法令遵守から、実質的な顧客利益保護、すなわち、フィデューシャリー・デューティーの徹底へと、大きな行政手法の変更を断行したのです。

投資信託の販売手数料に関する日米比較のグラフ

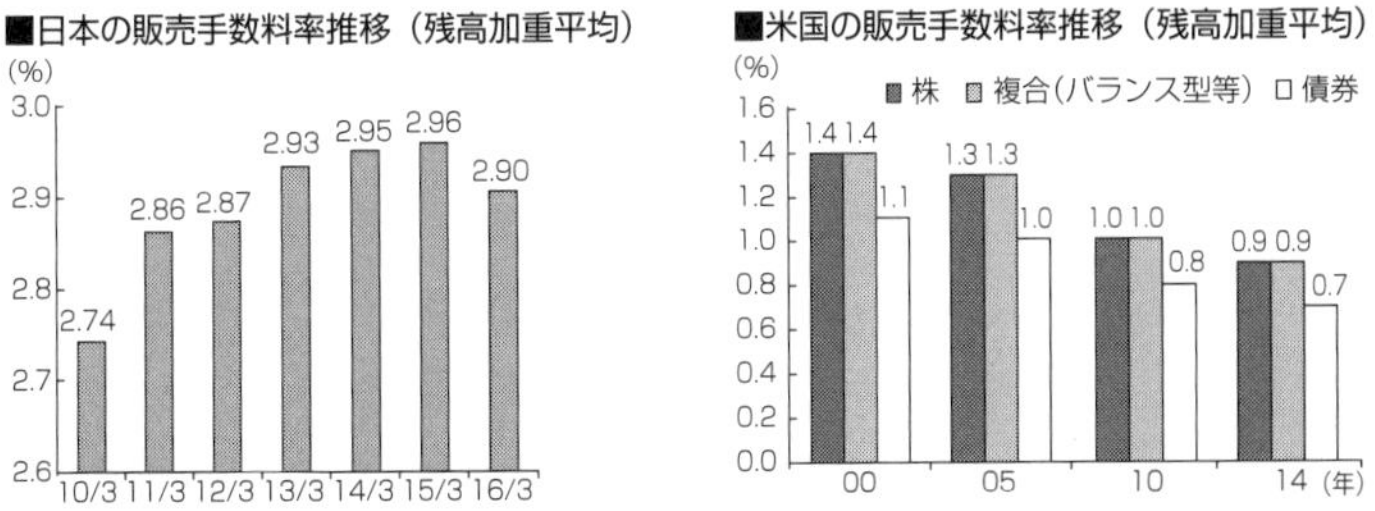

（注）対象投資信託は、公募株式投資信託（ETF 等は除く）。
（資料）QUICK

（資料）米国投資信託協会（Investment Company Institute）

出所：日本証券経済研究所「資産運用の高度化と金融モニタリング」

この金融庁の方針転換が図られた直後、銀行等の販売会社では、是正を図り、ウェブサイトでの売れ筋ランキング表示を変更したり、ダブルデッカー型の投資信託の販売は売り止めにしたりするなどの対応をとりました。こうした動きから、各販売会社においては、フィデューシャリー・デューティーの重要性を直ちに認識したことがわかります。

　このような投資信託の販売実態については、金融庁としては、かねてより問題意識をもっていますので、ルール等の導入による規制強化もしてきたのです。しかし、少しも、事態の本質的改善は起きませんでした。むしろ、ルール等の表層的な徹底遵守によって、逆に、問題性のある行為が正当化される側面のほうが圧倒的に強かったのです。

金融機能の真の高度化に対して、規制は無力である、この発見は、金融庁の行政方針を抜本的に転換させるに十分なほど、衝撃的であったに違いありません。

そこで、規制によらない金融行政のあり方が検討され、金融機関に対して、自己のプリンシプルを自律的に確立し、ベストプラクティス（最善）の追求を求める方向へ、転換されたわけです。

規制は、所詮は、ミニマムスタンダード（最低基準）であって、それが遵守されるのは当たり前のことで、当たり前のことは、否定的価値の発生を防止できても、何らの積極的な価値を生むわけではありません。それに対し、金融機能の高度化は、金融の働きで国民の経済的厚生を増大させることが目的ですから、必ず積極的な付加価値を創出するものでなければなりません。

社会的な付加価値創出を目指すことは、企業経営を支えるプリンシプル（行動原理）であり、市場経済の競争原理のもとで、そのプリンシプルを貫徹させれば、当然のこととして、切磋琢磨と創意工夫によるベストプラクティスの追求がなされます。これは、経営の基本であり、金融にとっても、当然に当てはまります。

だからこそ、金融機関に対して、プリンシプルとしてベストプラクティスを追求することが求められるに至ったのです。

しかし、企業としての当然の行動プリンシプルを、金融庁が施策として金融機関に求めるというのは、異常ではないでしょうか。異常かもしれませんが、現実に、金融機関の経営は、受動的なルール遵守の側面が強く、能動的なプリンシプルに基づく行動は十分ではない、金融庁には、そうみえるからこそ、金融機関の経営者に意識改革を促すことになるのです。

そのような金融機関の現状は、金融庁自身が作り出したといえます。金融界には、ひと言いいたい人が、おそらく大勢います。しかし、金融庁発足の経緯からして、国民の経済的厚生の増大という金融行政の目的に照らして、ルール遵守の徹底が必要だった歴史的な局面があるのです。施策は、そのときの課題に対して執行されるのですから、現時点から過去を問うても意味はないでしょう。

現在の国民的課題に対して、金融機能の高度化が求められるとき、現在の金融行政の方針は理に適ったものなのですから、金融機関として、将来へ向けて、建設的な取組みをしていけばいいのです。それが、国民に対する義務でしょう。

フィデューシャリー・デューティーを厳格な規範にする仕組み

創意工夫ができていないというのは、金融庁の見方にすぎず、金融機関の立場からは、例えば、奇抜な投資信託の開発と販売も、ある種の創意工夫の産物には違いなく、ベストプラクティスの追求という自己評価なのではないでしょうか。

だから、フィデューシャリー・デューティーなのです。金融機関に求められているのは、単なる創意工夫やベストプラクティスの追求ではなくて、フィデューシャリー・デューティーの徹底というプリンシプルを確立したうえでの創意工夫とベストプラクティスの追求なのです。

フィデューシャリー・デューティーとは、煎じ詰めれば、専らに顧客のために、という高度な忠実義務に帰着します。高度な、ということは、顧客の利益を損なわないという消極的意味（日本における忠実義務の一般的理解）を超えて、最善の努力により真に顧客の利益に適うように行動するという積極的意味です。

奇抜な投資信託の販売についても、そのことにより、金融機関が、自己もしくは第三者の利益のために、顧客に積極的な損失を与えたということは証明できませんし、むしろ、それが売れているという事実からすれば、確かに、顧客の何らかの利益の存在を背景に推定せざるをえないわけです。

しかし、フィデューシャリー・デューティーという高次の基準に照らしたときには、投資信託の設計や販売において、最善の努力のもとで真に顧客の利益に適うように行動できているのか、そうではなくて、売りやすさ、報酬のとりやすさなど、金融機関自身の都合が優先しているのではないのか、という反省の視角が開けてくるのは、間違いないのではないでしょうか。

企業のプリンシプルとして、根底にあるのは、自己の利益のために、という誘因だと思われます。このことは、金融機関についても当てはまるはずですが、フィデューシャリー・デューティーの徹底とは、矛盾するのではないでしょうか。

フィデューシャリー・デューティーは、慈善的なものではありませんから、当然に、金融機関の利益を前提にしています。しかし、金融機関の利益と顧客の利益の間に、相反関係があってはならないこともまた、当然です。

金融取引の場合、取引の成立以前の問題として、顧客の金融機関に対する信頼関係の成立があります。信頼しているからこそ、顧客は、金融機関と取引をするのです。

金融機関として、この信頼関係を守ろうとするのは、法律上の義務や規制の問題としてではなく、事業基盤の強化という意味で、自己の中長期的な利益のためです。

英米法のもとでは、金融取引のうち、特に、顧客資産の管理等については、信頼関係よりも強い関係として、フィデューシャリー関係の成立を認め、その保護のために、法律上の強い義務を課しているのです。それがフィデューシャリー・デューティーです。

日本では、フィデューシャリー・デューティーは、法律ではなく、法律を超えて成立するフィデューシャリー関係の保護を意味します。ですから、その履行強制力は、法律等のルールにではなく、保護することが事業の中長期的基盤を強化することになるという経済的誘因にあるのです。

つまり、現にある信頼関係は、奇抜な投資信託の販売のようなことをしていると、徐々に崩壊に向かってしまうのではないか、むしろ、それをフィデューシャリー関係にまで高度化することで、金融機関自身の中長期的な利益が確保され、企業価値の向上が図られるのではないか、そのような親身な経営コンサルティング的な視点こそ、今の金融行政の特色です。

金融庁は、フィデューシャリー・デューティーの徹底といっていますが、単なる利益誘因では、徹底しえないはずです。フィデューシャリー・デューティーを厳格な規範にする仕組みが必要ではないでしょうか。

しかし、それは、外部から規制として強制される規範なのではなくて、金融機関の内部における自主的な自律としての規範、つまり、自分で自分に課す規範です。

内部的な規範なので、履行を確実なものにするためには、工夫が必要です。それは、第一に、規範が外部に対して公表されること、第二に、公表したことが嘘にならないように、あるいは単なる営業用の美辞麗句にならないように、確実に履行されるための厳格な内部統制の仕組みを構築することです。

では、「フィデューシャリー宣言」をするためには、厳格な内部体制の構築が必要なのでしょうか。

金融庁の方針を受けて、投資運用業者、投資信託の販売会社など、資産運用関連業界では、各社それぞれのフィデューシャリー・デューティーの具現化が検討されているはずで、「フィデューシャリー宣言」は普及拡大するとみられますが、真剣に検討すればするほど、内部体制の構築に時間がかかる、それが金融機関の現状だと思われます。

その金融機関の生みの苦しみのなかで、その真剣な検討過程のなかから、顧客の視点で、自己の中長期的な企業価値の視点で、自律的に考える姿勢が醸成されてくること、それこそ、金融行政が目指すものなのです。

第4章

Fiduciary Duty

テーマ別に見た顧客の利益を最優先する取組み

① 投資信託（資産運用関連業務）

投資信託は本当の信託なのか

投資信託は信託です。しかし、それは、信託法の特則として、特別法によって設定された信託だから信託なのだという意味にすぎないのでしょうか。投資信託は、主に個人投資家の便益のために利用されるわけですが、そこでは、真の信託の機能として、受益者である投資家の利益保護の仕組みが貫徹しているのでしょうか。投資信託は本当の信託なのでしょうか。

ここでいう投資信託は、法律で規定する「委託者指図型投資信託」のことで、個人の投資家が、証券会社や銀行等を通じて、あるいは職域などで確定拠出年金を通じて、投資しているものです。要は、普通の投資信託です。

なぜ投資信託を論じるかといえば、その社会的意義が重要性を増していくと思われるからです。それは、二つの方向においてです。

第一に、個人貯蓄における預貯金から投資への移行、第二に、老後のための生活資金形成における相互扶助型年金制度から個人自助努力型貯蓄制度への移行、この二つの方向において、受け皿となる仕組みは、投資信託であろうと考えられるわけです。ですから、投資信託は社会的に重要なのです。

つまり、今後、重要性を増していく投資信託について、その社会的意義にふさわしい制度設計になっているか、そこを問題にしたいということです。しかも、信託という側面から。

日本の個人貯蓄には、元本が保証される預貯金等へ偏重している特色があり、その問題点については、もう論じ尽くされたことです。「貯蓄から投資へ」などという標語のもとに、銀行や証券会社等の金融機関の営業政策としても、預貯金から投資信託への誘導の努力がなされてきたのですが、事実としては、元本保証型へ著しく偏った貯蓄構造に、大きな変化はなかったのです。

同様なことは、確定拠出年金でもいえるでしょう。

さて、こうした事態に対して、投資信託の業界も、確定拠出年金の関係者も、そして政府さえも、原因として、国民一般の投資に関する知識の不足、あるいは投資に関する意識の後進性を想定し、「投資教育」の必要を叫んできたのです。しかし、その教育効果は、社会的に意味ある程度には、あがっていないのが現状です。

教育効果が十分にあがらないのは、もしかすると、投資信託の品質に問題があるからではないのか、そういう自然な疑問も生じます。

飲食店が流行らないのは、多くの場合、おいしくないからであって、人がおいしくないと感じるのは、食する側の味覚に問題があるというよりも、作る側の料理人の腕に問題がある、そう考えるのが素直です。

それに対して、政府も、金融業界も、いわゆる「有識者」と称する人たちも、食べられる料理の味ではなくて、食べる側の味覚を問題にし続けているのです。どこか、おかしくはないでしょうか。

あえて、社会の進歩のために暴露しますが、私も参加していた業界関係者のしかるべき会において、投資信託を社会に提供する責任者から、正直なところ自分自身として投資したいと思えるような商品の提供ができていないとの発言が公然となされました。贔屓目にみれば、真摯な反省のようでもありますが、実質は、正直すぎて呆れ返るような無責任な放言です。

要は、投資信託の専門家は、投資信託の実態を知り尽くしているがゆえに、投資信託に積極的に投資しようと思わないのです。

「金融・資本市場活性化に向けての提言」における投資信託

２０１３年12月に出された「金融・資本市場活性化有識者会合」の報告書、「金融・資本市場活性化に向けての提言」においても、特別に、投資信託に一項を割いています。

長いですが、あえて、関係個所の全部を引用しましょう。以下の通りです。

「投資信託等については、若年者から高齢者に至るまでのライフサイクルに適合した商品の開発・普及促進が不可欠である。短期間での商品乗換えによる販売手数料収入重視の営業を見直し、運用に係る透明性向上とともに、投資家のライフステージを踏まえ、真に顧客の投資目的やニーズに合う、個人投資家の利益を第一に考えた商品の開発・普及促進に向けた取組みを強力に進める必要がある。また、その販売においては、個人投資家のニーズに合致し、長期的な資産形成につながる商品を選択して推奨することが必要である」

問題意識として、「個人投資家の利益を第一に考えた商品の開発・普及促進に向けた取組みを強力に進める必要がある」とされているということは、現状は、こうなっていないことを明瞭に認めるものです。

現状は、「個人投資家の利益」が第一ではなくて、「販売手数料収入重視の営業」が第一であることを、この報告書は、はっきりと認めて、その早急かつ強力なる改革の必要性を訴えているのです。この報告書が投資信託業界を規制監督している金融庁所管の有識者会合によって取りまとめられたことの意義は、非常に大きいです。

この報告書でも、「個人の金融リテラシーの向上」という、伝統的な投資家教育論のような言葉がみえます。

しかし、「個人の金融リテラシー」を向上させるための教育の必要性などということは、一切、述べられていません。そうではなくて、自律的に、「個人の金融リテラシーが向上」するための環境の整備が問題とされ、「個人投資家の利益を第一に考え資産形成のニーズに応じて適切なアドバイスを行える幅広い人材が確保されていることが必要」とされているのです。また、当然のことですが、運用会社の切磋琢磨による資産運用の質の向上にも触れられています。

つまり、投資信託の運用者が、投資家の利益を第一として、投資家の視点に立った運用を行い、それら運用会社が質の向上を目指して競争し合い、切磋琢磨するような環境を作ることで、投資家の金融リテラシーは向上してくるのであり、そのリテラシーの向上がさらなる運用者側の質の改善を促す、そうした自律的な展開が想定されているわけです。

そうしますと、投資信託に関して、金融行政の視点は需要側から供給側へ移るわけですが、指導や規制によっては、質的なことは変えようがありません。そこには、明らかに、行政機能の限界があると思われます。

資産運用の質は、人の能力、良心、良識、経験に規定されることで、結果によって事後的に証明されるしかなく、目に見ることも手に触れることもできない以上、物理的に評価することもできません。それを規制によって管理し、向上させることは、明らかに不可能です。

この問題は、料理の質と同じです。料理の質は、食べる側の味覚に規定されます。質を高めるためには、味覚を研ぎ澄ますしかなく、味覚を研ぎ澄ますには、常に、より質の高いものが供給され続けなくてはなりません。こうした「鶏と卵」的状況は、坂の上の重い岩と一緒で、坂を転がり始めさえすれば、加速的に展開するのですが、転がり始めない限り、何も動かないわけです。

では、何が変革の起動力となるのでしょうか。それは、投資信託を真の信託にすることです。例えば、そもそも、信託の受託者に課せられる責任を厳格に考えるならば、「販売手数料収入重視の営業」など、明瞭な忠実義務違反なのですから、原理的には、行われるはずがありません。

投資信託が信託であるにもかかわらず、受託者の忠実義務違反が公然と行われているということは、法律の仕組みに欠陥があるか、法律の適用あるいは強制力に問題があるか、どちらかでしょう。いずれにしても、現実の投資信託は、信託の本質である受益者に対する忠実義務を欠いているのですから、信託として法律的に機能していないということです。

日本の投資信託の構造の特徴

投資信託には、構造的に、信託として機能しえない欠陥があるとして、その欠陥の根源は、どこにあるでしょうか。

日本の投資信託の構造の特徴は、次の通りです。すなわち、委託者である運用会社

契約型投資信託の仕組み

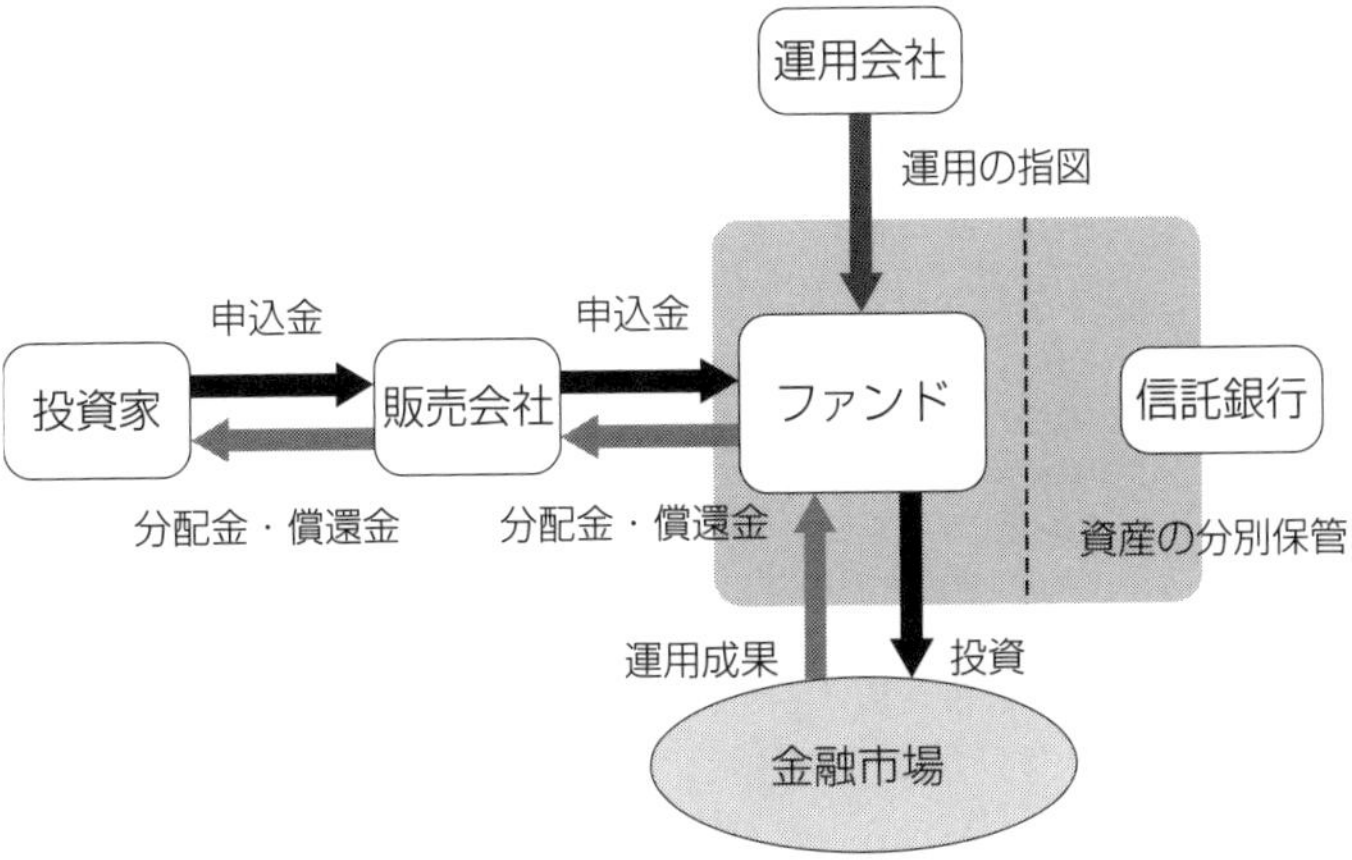

出所：投資信託協会ホームページ

が受託者としての責任を負うこと、法律上の受託者である信託銀行は単なる事務代行者になること、委託者である運用会社は投資家を募る業務を証券会社等に委任する場合が多いこと。

こういう仕組みは、受益者である投資家の利益保護の視点を、第一に、証券会社等の募集行為に関して説明責任等を課すことに置き、第二に、運用会社である委託者に、委託者であるにもかかわらず、受託者としての責任を負わせることに置き、そして最後に、事務代行者である信託銀行の受託者としての責任を置くという構図になっています。

ところが、問題は、これらの三つの関係者の責任に、十分な連関性がないことなのです。例えば、販売手数料稼ぎの問題は、あくまでも、証券会社等にかかわるものであって、運用会社や信託銀行に直接に関係しません。つまり、信託の本来の機能である受託者の責任による受益者保護の領域に属さないことになるのです。

信託銀行は、法律上の受託者であるにもかかわらず、事実上は、事務代行責任しか負わず、実質的な受託者としての責任を負うことになっている運用会社は、営業を証券会社等に代行させることで経営依存しているので、実質的な受託者として、受益者の利益を守るべき義務が果たせていないのです。

結局、三つの関係当事者は、分断された責任関係のなかで、受益者である投資家の保護のために、連携して責任を負うべく制度設計されたはずなのに、事実上の共同無責任の状況を作り出してしまっているのです。

改革の方向は、各当事者の責任の一種の連帯性を導入するということです。そのためには、一つの信託の受託者責任を中核として、その資産運用管理部分を代行する運用会社の責任、事務代行を行う信託銀行等の責任、募集代行を行う証券会社等の責任という三つの責任を統括することが必要なのです。

投資信託の販売会社のフィデューシャリー・デューティー

投資信託の顧客の意識の問題として、誰にお金を預けたと感じているでしょうか。法律上は、お金は投資信託を受託している信託業者に預けられているのですが、実際には、販売会社に預けていると感じている投資家が多いのではないでしょうか。ならば、販売会社には、投資家の信認を得たものとしての重責があるのではないでしょうか。

投資信託は、投資家から資金を募る販売、集められた資金を保全管理する信託、信託された資金の運用という三つの機能によって構成されています。このうち、販売と運用とは、分離される必要もないので、運用を行う投資運用業者のなかには、販売会社を使わずに、直接に投資家を募っているところもあります。いわゆる直販です。

しかし、信託の機能は、販売や運用と統合することができないように制度設計されています。それは、資金を集める者や運用する者が、同時に、資金管理をすれば、資金の流れが同一のもののなかで完結してしまうので、外部監視が働かなくなり、利益相反取引や不正を防止できなくなるからです。

さて、問題は、販売と運用の関係です。論点は、販売と運用は、同じ者がやっても、別の者がやっても、どちらでもいいのならば、理論的にいって、両方の場合において、投資家に対する責任は全く同一でなければならないということです。

投資家の立場からいえば、販売こそが自分と運用の接点ですから、観念的には、二つの機能を分離できたとしても、感覚的には、二つは一体ではないでしょうか。

販売と運用の一体性は、日本の投資信託の特異なところです。ただし、一体性には、両極端の2類型がありえて、一方には、典型的に直販の投資信託にみられるように、投資運用業者が主体となって販売を統合している場合があって、他方には、商品企画も含めて販売会社が主体となっていて、投資運用業者は販売に従属しているといっても過言でない状況があります。

いうまでもなく、日本の特異なところは、多少の程度の差こそあれ、後者が圧倒的に優勢になっていることです。つまり、日本の投資信託の現状は、販売会社が投資家から資金を集めるということが中核になっていて、集められた資金は、募集のときの説明に反しないように運用されてさえいれば、それで、投資運用業者の責任は果たされるような構造になってしまっているのです。

投資家の感覚の問題としても、販売会社の強力な機能の面からいっても、事実上、販売会社が資金を預かる重責を担っているということでしょう。

もちろん、投資信託の投資家には、さまざまに異なる類型があるのでしょう。例えば、独自の調査によって投資信託の銘柄を選択し、インターネットを通じて投資するような人の場合は、販売という機能は単なる形式のものであって、実質的には、投資家と投資運用業者との直接的な関係が成立しているのです。

つまり、投資家は、自らの投資基準に適うものとして、投資運用業者の運用内容を評価して投資信託を選択しているわけで、そこには、投資家と投資運用業者との間に信認関係が成立しているのです。同様な信認関係は、いうまでもなく、直販においても、投資家と投資運用業者との間に成立しているはずです。

ところが、多くの場合は、投資家と投資運用業者の間には、販売会社が介在しており、投資家の選択に大きな影響を与えています。つまり、ここでは、投資家と投資運用業者との間の信認関係というよりは、投資家と販売会社との間の信認関係を認めるほかない、あるいは、投資家と投資運用業者との間の販売会社を介した信認関係を認めるほかないと思われるのです。

しかし、法律上は、投資家と販売会社との間の信認関係を認めることは、困難ではないでしょうか。

法律上、投資運用業者には忠実義務が課せられていますが、販売会社には課せられていません。忠実義務というのは、専らに顧客のために働くべし、という当然の義務で、要は、自己や第三者（親会社等の利害関係者）の利益と顧客の利益との間の相反を禁じるものですが、悲しいことに、日本では、利益相反の立証が困難であるとの現実もあって、全く実効性のないものになっています。

実効性がないとはいえ、一応は、投資運用業者は忠実義務を負うのに対して、販売会社は忠実義務を負わないということは、法律上の決定的な差なのであって、忠実義務を抜きにした信認関係の成立ということは、少なくとも法律上は、認め難いのです。

そこで、金融庁は、フィデューシャリー・デューティーを導入したわけです。

金融庁は、２０１４年9月に公表した「金融モニタリング基本方針」において、投資信託を強く念頭に置きながら、「商品開発、販売、運用、資産管理それぞれに携わる金融機関がその役割・責任（フィデューシャリー・デューティー）を実際に果たすことが求められる」と述べ、フィデューシャリー・デューティーには、注を付けて、

「他者の信認を得て、一定の任務を遂行すべき者が負っている幅広い様々な役割・責任の総称」としていました。

ここでは、明瞭に、販売に対してフィデューシャリー・デューティーが適用されるとの金融庁の考え方が示されています。つまり、法律上の忠実義務は、販売には適用されないのに対して、フィデューシャリー・デューティーは、販売も含めて、投資信託を構成する全ての機能に適用があること、かつ、「実際に果たすことが求められる」として、フィデューシャリー・デューティーに履行強制力を想定していること、この2点を、金融庁は明瞭にしているわけです。

金融庁によるモニタリング

では、法律上は、どのようにして、販売に対してフィデューシャリー・デューティーを課すことになるのでしょうか。

金融庁としては、法的対応を検討しているわけではなく、モニタリングという手法を通じて、販売会社自身の自律的な改革を促すことで、フィデューシャリー・デューティーの徹底を図っていくのだと思われますが、モニタリングというのは、個々の金融機関と金融庁との間の非公開のものですから、一般論としては、よくわからないのです。

モニタリングというのは、金融庁と金融機関の建設的な対話ということです。建設的な対話ということは、金融庁からの一方的な指示等の規制ではなくて、金融機関自身の長期的な利益は顧客の長期的な利益の上にしか形成されえないという自明の前提を、金融庁と金融機関との間で、対話を通じて確認することです。

これを投資信託の販売に当てはめれば、投資家の利益を守る姿勢のもとで販売を行うことでのみ、結果的に販売会社の長期的な利益が得られるという考え方に帰着します。

投資信託の販売において、手数料等の収入の増加が目的化され、顧客の利益よりも、販売会社自身の利益や同系列の投資運用業者の利益が優先されるならば、それは、短期的には、金融機関の利益になりえても、顧客の利益に反する限り、長期的に持続可能なものではありえません。モニタリングで問題とされるのは、金融機関の長期的に持続可能な利益なのです。

そこで、金融庁と金融機関との対話のなかで、金融機関の長期的な利益の方向で、投資信託のあるべき姿が議論されるとき、顧客の利益に応える経営の徹底、すなわちフィデューシャリー・デューティーの徹底が結論付けられてくるはずです。そうであるならば、ここには、法律改正等による規制の強化は必要ないわけです。

金融は、高度な社会的必要性に基づくものです。ですから、従来の考え方では、高度な規制につながるのです。しかし、現在の金融庁の方針では、高度な社会的必要性に基づくものは、その社会的必要に正面から応えることで、事業の収益性は確保されるわけですから、経営者が、顧客の要求に応えるという経営原則、すなわちプリンシプルに忠実である限り、規制は不要になるはずです。

それに対して、規制を強化することによっては、金融機関の経営において、顧客の要求に応えることよりも、表層的なルールを遵守することが優先されることになりやすいことが経験的に知られています。それどころか、逆に、ルールに反していない限り、顧客の利益に反しても、正当化されるというような不合理、あるまじき経営の姿勢を生んでしまっているのが現実なのです。

例えば、先に述べたように（95ページ以下参照）、投機的なダブルデッカー型の投資信託の販売について、金融庁の検査が明らかにしたことは、リスクについての同意書の取り付け等の不備が皆無に近かったという事実です。

こうした法令遵守の徹底は、法令の主旨に忠実であるべく、顧客の利益のために努力した結果であるとは、到底思えません。

そうではなくて、おそらくは、法令の形式面だけに忠実で、あえて法令の主旨に反して、金融機関自身の利益を追求したものだったはずです。

しかし、にもかかわらず、こうした金融機関の行為は、形式的に法令遵守が徹底されている限り、従来のルール主義のもとの行政では、金融庁として、どうすることもできないだけでなく、むしろ逆に、法令遵守の徹底をもって、お墨付きを与えるような不合理にも陥ってしまうわけです。

実際、投資信託の現実として、ほぼ完全な法令遵守のなかで、明らかに法令の主旨に反し、顧客の利益に反することが横行してきたのです。ここで、新しいルールの策定のような規制の強化をしても、何ら意味がないでしょう。新しいルールの遵守のもとで、結局は、顧客の利益に反してでも、自己の利益を図る工夫が続くだけです。だからこそ、ルールからプリンシプルへ、という転換がなされたのです。

投資信託については、プリンシプルはフィデューシャリー・デューティーの徹底であり、その徹底を通じて、ベストプラクティスを追求していくことが、金融機関の長期的な利益につながるということです。

投資信託の販売会社は、顧客との間に信認関係が成立していること、信認関係が成立しているからこそ投資信託の販売ができていることを、自己の利益として、企業の価値として、とらえるべきなのです。

信認関係があるからこそ投資信託が売れているという現実は、顧客の利益を守ることによってのみ、持続可能なものとなるのですから、販売会社自身のプリンシプルとして、フィデューシャリー・デューティーを徹底することは、規制の強化ではなくて、長期的な利益の追求、すなわち、ベストプラクティスの追求なのです。

②　確定拠出年金等（資産運用・管理業務）

受託者としての資産運用の担い手

「金融・資本市場活性化有識者会合」は、2014年6月12日に「金融・資本市場活性化に向けて重点的に取り組むべき事項」と題する提言を公表しました。そのなかでは、資産運用の担い手について、以下のように、いわれています。

「資産運用の担い手が投資家に対する受託者としての責務を真に認識し、投資のプロとしての専門性を発揮し、真に投資家の利益の最大化を目指した運用が行われるよう、幅広い方策の検討を進める」

有識者会合は、冷徹な現実認識のもとに、改革を提言しているものです。ならば、そこに、「資産運用の担い手が投資家に対する受託者としての責務を真に認識し」と書き込まれたことの意味は、資産運用という職務に従事するものとして、厳粛に受けとめねばなりません。関係者が自己の社会的責務を真に認識しているならば、このような指摘を受けるはずもなかったからです。

しかし、いまだかつて、受託者という用語を用いて、資産運用の担い手の責務が論じられることはなかったと思います。受託者という言葉を金融制度のなかで使えば、それは、当然に信託法の受託者になるはずでした。信託法は、実態として、金融関連の諸制度に適用されることが多いからです。しかし、今回、幅広く資産運用の担い手を受託者として認定したことは、信託法の適用によるものではありません。

ただし、受託者という限りは、信託法の信託ではなくとも、何らかの信託が想定されていることは間違いありません。それは、おそらくは、憲法の前文で、「そもそも国政は、国民の厳粛な信託によるものであつて」といわれているときの信託、つまり、理念としての信託です。

企業年金基金・投資運用業者等の責任

企業年金の資産運用に従事する人の責任については、受託者責任と呼ばれてきましたが、受託者としては、同じものです。例えば、確定給付企業年金法では、第70条で、確定給付企業年金基金の理事の資産運用に関する忠実義務等を定めています。また、同法第71条では、資産運用契約の相手となる投資運用業者等についても、同様な忠実義務を定めています。ここでいう企業年金基金や投資運用業者等の責任については、受託者責任といわれてきました。

従来、金融規制における投資運用業者等の責任と、全く管轄の違う企業年金等の資産運用に関係する者の受託者責任とは、必ずしも連関が明瞭ではなかったのですが、金融制度・規制において、幅広く資産運用の担い手が受託者と呼ばれることで、両者の同一性が明らかになっていくものと思われます。

念のために強調しておきますが、受託者としての責任を負う資産運用の担い手というのは、資産運用に関連する広い範囲の者を含みうる概念であることが重要なのです。つまり、年金基金等の重い社会的責任を負う投資家も、その投資家との間で契約を結んで専門家として資産運用を行う投資運用業等も、理念としての信託においては、同じ受託者の立場に立つのです。

また、業としての資産運用に職務として従事する者は、法律上の登録等にかかわりなく、資産運用の担い手である限りは、受託者としての責務を認識して行動しなければならないということなのです。

年金基金等の投資家と、投資運用業者等の資産運用関連業者とが、同じ受託者、すなわちフィデューシャリーとして、連帯的に責任を負う構造になっていくのでしょうか。

米国の年金基金を規制するエリサ法では、年金基金と資産運用会社は、同じフィデューシャリーとして、受益者である年金制度の加入員と受給者に対して、連帯して責任を負う構造です。だからこそ、年金基金と資産運用会社との間に厳しい相互監視の仕組みが働き、専らに受益者の利益だけを考えた資産運用が実現するのです。

こうした社会的に責任ある投資家と資産運用会社の高度な統治構造のもとで、投資の質が維持され、その投資の質は、投資対象である企業における経営統治の質の高さを保証する、それが米国流の統治論です。

日本でも、幅広く資産運用の担い手の受託者としての責任のありようが検討されることになった背景には、こうした米国の事情も考慮されているはずです。

企業では、確定給付型の企業年金から、投資信託を使った個人非課税貯蓄である確定拠出型への移行が進んでいますし、公的年金でも、相対的な給付削減が進み、替わって、投資信託等を使った貯蓄に非課税枠を拡大する方向（暫定的に、ＮＩＳＡという形で始まりました）へ、転換が進むでしょう。

つまり、今後の方向として、投資信託の社会的意味が増大していくのです。それだけ、国民の老後生活を守るという意味でも、大きな投資家へと成長していく投資信託の資本市場における番人としての機能、産業界の統治を支える機能の充実という意味でも、投資信託の受託者責任の強化は、絶対に必要なのです。

資産運用の担い手として、何をなすべきか

資産運用の担い手の受託者としての責任が問われています。それは、安倍政権の経済政策において、産業界の革新と成長への投資が加速していく新しい資金循環を構築することが必須とされるなかで、投資主体としての資産運用の担い手の社会的機能が重視されているからです。

資産運用の担い手とは、投資の担い手です。投資の担い手の受託者としての責任とは、要は、高度な専門的知見と経験に裏打ちされ、厳格な倫理と社会的使命感のもとに働く職業人、すなわち真のプロフェッショナルとしての行動規範です。

今、投資の、あるいは資産運用の担い手の責任が問われるということは、政策当局における事実認識として、責任が果たされていない現実があるわけです。このことに

ついて、資産運用に携わる当事者には、真剣な反省が求められています。資産運用の担い手の職業人としての責任が果たされない限り、正しい投資はなく、正しい投資がない限り、日本の成長もないのです。逆に、責任が正しく果たされれば、日本は成長できる、その信念に、安倍政権の経済政策の前提があるのです。

政策はなされました。残された問題は、この成長への信念を、産業界と金融界が共有し、自らのものにできるかです。もちろん、答えは決まっています。選択肢はありません。産業界と金融界は、成長への信念のもと、自らの責任を果たさなくてはならないのです。

資産運用の担い手とは、具体的に、誰のことでしょうか。年金基金等の重大な社会的責任のもとで投資を行っている者と、そのような投資家から委任を受けて、業としての資産運用を行っている投資運用業者等です。

そのなかで、これまでのところ政策的に重視されてきたのは、ＧＰＩＦ（年金積立金管理運用独立行政法人）に代表される公的年金等と、投資信託です。特に、ＧＰＩＦの場合、その改革は大きな政治課題になっています。今後は、企業年金基金等についても、抜本的な改革が求められてくることは間違いないでしょう。

また、広義の資産運用の担い手として、ここには、銀行等も含めておくべきでしょう。融資と投資は、異なるものではありますが、産業界への成長資本の供給という機能においては、同じものだからです。

実際、金融庁においても、従来からの銀行等に対する監督のあり方を大きく変更してきており、重点が成長資本の供給能力に移っています。

資産運用の担い手自身の統治改革

産業界の統治改革以前の問題として、まさに先決問題として、資産運用の担い手における統治改革こそが、喫緊の課題としてあるのです。資産運用の担い手の改革がなければ、投資は、産業界の統治改革を促す触媒としての機能など、果たせるわけがないからです。

しかし、問題は、資産運用の担い手の統治改革を促す触媒は何かということです。ひとつには、政策です。実際、安倍政権は、資産運用の担い手の統治改革を重要課題においています。では、政策として、何ができるのか。資産運用の担い手の自己変革として、何をなすべきなのか。

それが、受託者としての責任の確立なのです。したがって、政策としては、徹底した規制の強化です。「投資のプロとしての専門性を発揮し、真に投資家の利益の最大化を目指した運用が行われるよう」に、あらゆる方策が講じられるべきですし、金融庁としても、講じる用意があるはずです。

しかし、より重要なことは、資産運用の担い手自身が、受託者としての責任を自覚し、徹底した自己変革を遂げることです。そこに、一刻の猶予も、小さな甘えもあってはなりません。

受託者としての責任ということは、専らに受益者のために、ということです。資産運用の担い手にとって、受益者とは、年金基金等であれば加入員受給者、投資信託であれば個人投資家等、投資運用業者であれば、表面は年金基金等の顧客でも、実質は背後の加入員受給者等です。

では、現状は、どうか。年金基金等は、委託者である母体企業や政府等のほうをみていないか。投資信託は販売会社のほうをみていないか。投資運用業者は、最終受益者のことを忘れていないか。

問われているのは、投資の技術以前のことです。倫理です。

③　保険販売・融資業務

フィデューシャリー・デューティーは、投資信託等の資産運用に関わる業務を行う金融機関について、徹底した顧客の利益の視点に立った自律的改革を求めるものですが、顧客の利益の視点の重要性は、なにも、投資信託販売に限ったことではありません。銀行ならば、保険の販売についても、また、本業である融資業務についても、同じことがいえますし、銀行業や金融商品取引業だけでなく、保険業や信託業など、金融の全ての領域について、同じことがいえます。

例えば、保険の販売について、それが貯蓄性保険であるならば、機能的に投資信託と同じなのですから、フィデューシャリー・デューティーが投資信託だけの問題だなどということは、詭弁です。貯蓄性保険と普通の保障型の保険とは、顧客のライフサイクル上の真のニーズに即して、選択されるべきなのですから、顧客の視点に立つことを求めるフィデューシャリー・デューティーにおいて、貯蓄性保険だけが対象となるということも、同様に詭弁です。保険の販売、保険の引き受けの全体において、フィデューシャリー・デューティーの理念が働かなくてはいけません。

銀行等の融資業務についても、金融庁は、事業性評価に基づく融資等ということをいっています。これは、第一に、融資とは、企業の過去の財務諸表上の数値に基づいてなされるものではなくて、企業が具体的に営んでいる事業の評価、すなわち、生きた事業活動そのものに基づいてなされるものであること、第二に、現在の事業の評価に基づく融資の先には、事業性、すなわち、将来の事業のあり方を評価した融資もあるはずだということを意味しています。

いうまでもなく、事業性評価に基づく融資は、事業への高度な理解を前提にしたうえで、将来の数値を見据えて行うものだけに、過去の数値に基づく与信管理に比較して、銀行等に対し、より高度な能力と統制を求めるものです。つまり、過去の数値に基づく融資等がミニマムスタンダードなら、事業性評価に基づく融資はベストプラクティスの追求です。

ベストプラクティスの追求は、銀行等の経営のプリンシプルに基づいてなされますので、当然に、金融規律の維持と金融の社会的機能の発揮は、銀行等自身の厳格な内部統制により、適切に均衡されるべきだということです。事業性評価に基づく融資にまで踏み込んでしまうと、もはや、銀行等と債務者との間には、高度な信頼関係の成立を認めないわけにはいきません。

さすがの金融庁も、銀行等と債務者との間の関係を、フィデューシャリー関係と呼んだりはしないでしょうが、金融行政全体の理念的整合性からは、一定の信認関係の成立を認めざるをえないと思われます。つまり、銀行等の債務者に対するコミットメントです。

金融機関のフィデューシャリー宣言は、フィデューシャリー・デューティーの履行を顧客に確約するものですが、同様な手法を銀行等と債務者の間に適用すれば、銀行等は、一定範囲の重点顧客に対して、「コミットメント宣言」を行い、状況に応じたさまざまな支援を確約し、その確約を履行するための内部統制を確立することになります。今後、銀行等の間には、こうした動きが広がっていくのではないでしょうか。

こうして、フィデューシャリー・デューティーという用語を離れても、理念的指針として、専らに顧客の利益のために働くことが結果的に金融機関自身の利益につながるという信念、まさに金融庁のいう好循環への信念は、金融の全ての分野について、必要なのです。

そして、フィデューシャリー・デューティーが新たな規制、すなわち、ルールではないことが重要です。フィデューシャリー・デューティーは、金融機関の自主自律的な取組みです。一方でルールに拘束されてきた金融機関は、実は、他方では、ルール遵守さえ徹底すれば何をしてもよいというふうに、守られてきたのです。

金融機関は、今こそ、金融の社会的責務の大きさの自覚の上に、金融の全業務分野において、経営の自律性を回復しなければなりません。フィデューシャリー・デューティーは、金融の一つの具体的分野において、その改革の基本指針を示したものにすぎません。その基本指針とは、専らに顧客のために、ということです。

金融は、その全ての業務において、顧客との信頼関係に立脚しているのです。金融機関の未来は、その信頼関係を損なうことの上にはなく、逆に、深化させ、強化することの先にあるのです。深化され、強化された信頼関係こそ、信認関係、すなわち、フィデューシャリー関係です。

全ての金融業務を、顧客とのフィデューシャリー関係の上に再構築する、これこそが金融機関の未来を約束する標語なのです。

④ 信託業と投資運用業の責任の境界線

投資運用業は、実は、それ単独では、成立しません。なぜなら、投資対象の資産を管理保全する機能を含まないからです。そこは、信託業の担当する業務です。法律は、理由があって、このように業務を二つに分けたのですが、分けたからには、責任の境界が問題となります。ところが、この境界線、不鮮明なところがあって、深刻な問題を生じているのです。

投資運用業の代表的な業務として、投資信託がありますが、これは、まさに信託業と投資運用業を結合させたもので、そのことは、名称に明瞭に現れています。

販売、信託、投資運用の各機能とフィデューシャリー・デューティーとの関係は、どうなるのでしょうか。各当事者が、自分の領域についてのみ、個別の責任を負うのでしょうか。それとも、全員が連帯して、一つの責任を負うのでしょうか。

どのように法律上の責任関係を整理するかは、投資信託が本来の目的に沿って健全なる発展を遂げられるように、投資家の利益の保護を最上位の価値として位置付けたうえで、金融庁の高度な政策判断において、設計されるべきものです。

その際、論点の第一は、各当事者は、それぞれに異なる専門性をもったものとして、また、利益相反の防止のために、相互に独立なものとして、あえて機能分割されて、分業制度のもとに構成されている以上、個別の責任を負わなければならないということです。

また、逆に、各当事者の責任が統合されてこそ、投資家に対する責任の全体が果たされるのですから、第二の論点としては、そこに、ある種の責任の連帯性を構成する必要もあります。

個別責任とはいっても、完全に責任を分割できるはずもなく、関係者が共同して処理しなければならないような事態も当然にあるわけです。そのようなとき、各当事者が、個別責任を盾に、自己の狭い領域の責任に閉じ籠ろうとすれば、投資家の利益が守られなくなる事態も生じえます。

また、信託の機能に属すべき事務管理の多くが、販売と投資運用を行うものによっても担われており、そのことによって、業務の共同作業による連帯責任を生み出しているというよりは、責任分担の曖昧さによる共同無責任と、事務の非効率が生じています。

そうしますと、鍵は、信託の機能を整理して、販売、信託、投資運用の三機能の責任分掌を明確化することです。なかでも特に重要なのは、信託と投資運用の機能における責任の明確化と、責任の連帯性の確認です。

責任の明確化という視点では、信託の機能に固有に属し、投資運用の機能からは完全に独立した責任領域は何か、また逆に、投資運用の機能に固有に属し、信託の機能からは完全に独立した責任領域は何かを明らかにする必要があります。

責任の連帯性という視点では、信託と投資運用の両方の機能の共同によって責任が担われるべき領域について、信託の責任が主で、投資運用の責任が補助的であるものと、また逆に、投資運用の責任が主で、信託の責任が補助的であるものとを明らかにする必要があります。

つまり、信託の専管事項、投資運用の専管事項、信託と投資運用の共管事項のうち信託が主責任で投資運用が補助責任になるもの、逆に投資運用が主責任で信託が補助責任になるもの、以上の四つに、責任をきれいに分ける必要があるということです。

こうして、信託と投資運用の機能について、個別責任の明確化、共同責任の明確化、共同責任における最終的責任の所在の明確化がなされることが、それぞれのフィデューシャリー・デューティーの徹底の前提条件になるということです。

責任の明確な線引き

論点は、共同責任を負う業務のうち、信託が主たる責任を負うものと、投資運用が主たる責任を負うものとの間に、明確な線引きを行うことです。

原理的には、信託業者が行う業務の執行について、投資運用業者には、必要な情報を提供する義務、および信託業者が必要な情報を入手できるように支援する義務があることは明瞭ですが、逆に、投資運用業者は、情報の提供等についてこそ主たる責任を負うものの、その後の事務処理については、全面的に、信託業者に主たる責任があるはずです。

例として、私募の外国籍投資信託について、考えてみましょう。投資運用業の投資判断としては、投資信託の銘柄、買付もしくは解約の別、基準日、投資金額、この４点を決めることだけです。この４点を信託業者に指図すれば、その後は、信託の業務になります。

もちろん、これだけの情報では、信託業者は、事務ができません。そこで、投資運用業者の責任として、申込先となる投資信託の管理会社名や連絡先等の情報を、信託業者に伝えることが必要です。これは、投資運用業者が主たる責任を負わなければならないことです。

その後、信託業者は、管理会社と連絡をとり、申込書の送達や入出金等の必要な事務処理を行うわけですが、これは、信託業者が主たる責任を負う業務であって、投資運用業者は、連絡を円滑ならしめる等の支援を行う補助的責任を負うのみです。

これらのことは、時価の取得を考えれば、よくわかるはずです。信託業者は、定期的に、時価を取得して、資産評価をしなければならないのですが、もしも、その時価を投資運用業者から得るとすれば、その正しさを保証できなくなるのは、自明です。

時価取得は、信託業者が、第三者として、客観的立場で行うからこそ、意味があるのです。しかし、投資運用業者には、時価を取得する方法等について信託に情報を提供し、時価の妥当性を確認するなどの補助者としての義務があることも自明です。

現実に、信託と投資運用の責任の境界線は、明瞭に設定されているのでしょうか。時価の取得も含め、本来は信託の主たる責務である領域において、投資運用業者が主たる責務を担っているのが現実です。これは、運用対象の拡大に伴い、事務能力の高度化が求められるなか、信託の機能が追い付けなくなっており、投資運用業への依存を高めていることが原因だと考えられます。

ならば、当然のこととして、信託業界において、事務能力の向上のために、人的資源の強化など、必要な投資をすべきではないでしょうか。もちろん、そういうことですが、その障害として、信託機能に対する報酬が著しく低いことが指摘されています。

実は、販売、信託、投資運用の責任を明確に再定義することは、各当事者が受け取るべき報酬を合理化するための前提です。信託業界には、報酬の少なさを理由に、自己の責任を極力小さくしようとする傾向があります。しかし、これは、商人として、根本的に誤った思想です。商業の王道として、しっかりと責任を負うからこそ、より多く報酬がとれると考えるべきなのです。

販売、信託、投資運用の各報酬の合理化がなされる結果として、顧客に対する関係で、報酬の総額が合理化されるわけですが、そのとき、総報酬の水準が問題である以上に、販売、信託、投資運用の報酬の内訳が問題なのです。

信託が責任を果たすならば、信託の取り分が上昇しても、投資運用の責任が合理化されるならば、投資運用の立場からは、少しも問題ではないのです。

第5章

Fiduciary Duty

さらに深くフィデューシャリー・デューティーを知るために

プリンシプルとしてのフィデューシャリー・デューティー

金融庁は、投資信託をはじめとする資産運用関連業務について、金融機関が確立すべきプリンシプルの原型として、その具体的内容を一切示すことなく、単なる理念的指針の形で、フィデューシャリー・デューティーを提示しました。

フィデューシャリー・デューティーは、具体的内容をもたない以上、それ自体としては意味はなく、各金融機関において、それぞれの固有のプリンシプルとして確立され、それが内部統制に反映されたとき、はじめて、具体的規範として、各金融機関の行為を拘束するのです。

理念としてのフィデューシャリー・デューティーから、具体的行為規範を導くことは、各金融機関の経営責任に委ねられています。しかし、その経営責任は重いのです。第一に、フィデューシャリー・デューティーは金融行政の重点課題ですから、その規範化を行わないことは許されないでしょう。第二に、ひとたび内部規範化し、統制手続きに組み込まれれば、その履行状況は、金融庁のモニタリングの対象になるということです。

理念としてのフィデューシャリー・デューティー

　では、理念としてのフィデューシャリー・デューティーとは何でしょうか。金融庁の２０１４年9月の「金融モニタリング基本方針」では、フィデューシャリー・デューティーに、「他者の信認を得て、一定の任務を遂行すべき者が負っている幅広い様々な役割・責任の総称」との注釈が付されています。

　ここで、信認とは、信頼よりも高度なもので、法律上の忠実義務を負う関係ですが、忠実義務に替えて、あえてフィデューシャリー・デューティーというからには、忠実義務よりも広く、深く、かつ高度なものでなければなりません。

　他人に業務を委任するときは、範囲を特定し、他人に裁量を認めないのが普通ですが、そうではなくて、他人に広範囲な裁量を与え、事実上、身を任すような事態にならざるをえない場合があります。医師にかかるとき、弁護士に訴訟等の代理人を委任するとき、金融機関等に財産の管理運用を一任するとき、などが典型的です。このような特殊な委任を受けた医師、弁護士、金融機関等をフィデューシャリーといい、それゆえに、フィデューシャリーは、他人の信認を得たものとして、専らに委任者、すなわち、顧客のために働く義務を負う、煎じ詰めれば、これがフィデューシャリー・デューティーの中核です。

トラスト（信託）の本旨

トラストは、英米法のトラストであり、日本法では、信託と訳されているもののことです。日本の信託は、英米法のトラストを参考にして作られたのですが、歴史的背景の全く異なる日本に受け入れたとき、当然のこととして、異なるものになったのです。異なるとはいっても、信託はトラストです。そこで、改めて、トラストから信託を考え直してみましょう。

業としての資産運用にとって、信託は、極めて重要な制度です。資産運用の契約を成り立たせるためには、契約対象となる資産の確定を行うことが不可欠の要件になるのですが、そのときに資産を入れる器のようなものとして、実務上は、信託が使われることが多いからです。

さて、今、信託を、資産を入れる器として表現しましたが、それは、投資運用業の立場からみたときの言い方であって、契約の対象となっている資産の立場、すなわち運用資産を預ける顧客の立場からいえば、当の器こそが主役であって、投資運用業者は、器の管理に関して、投資判断にかかわる業務だけを切り出して委任する先として、呼び込まれたものにすぎません。

そうなりますと、投資運用業の契約というのは、信託を通じて外縁を明確に画された資産の塊を間に挟んで、顧客と投資運用業者が向き合うような構図になるわけです。業としての資産運用の基本構造というのは、一般化していえば、信託を通じて分離独立させられた資産の塊について、資産の所有者である顧客が、その運用管理を外部の専門家に委任する契約ということになります。

基本構造は、そのように単純なのですが、現実の社会に存在する資産運用の契約は、もっと複雑な仕組みになっています。事態を難しくするのは、信託の構造です。信託とは、分離独立した資産の塊ですから、それ自体として、一定の主体性をもつと考えられますので、資産の所有者という一見自明のことさえも、信託の内部問題として、深く検討されねばならなくなるからです。

実際、信託という独立した資産の塊については、三つの異なる側面をもつ関係者を観念しうるわけです。第一に、もともとの資産の所有者で、それを信託という形に外

信託の仕組み

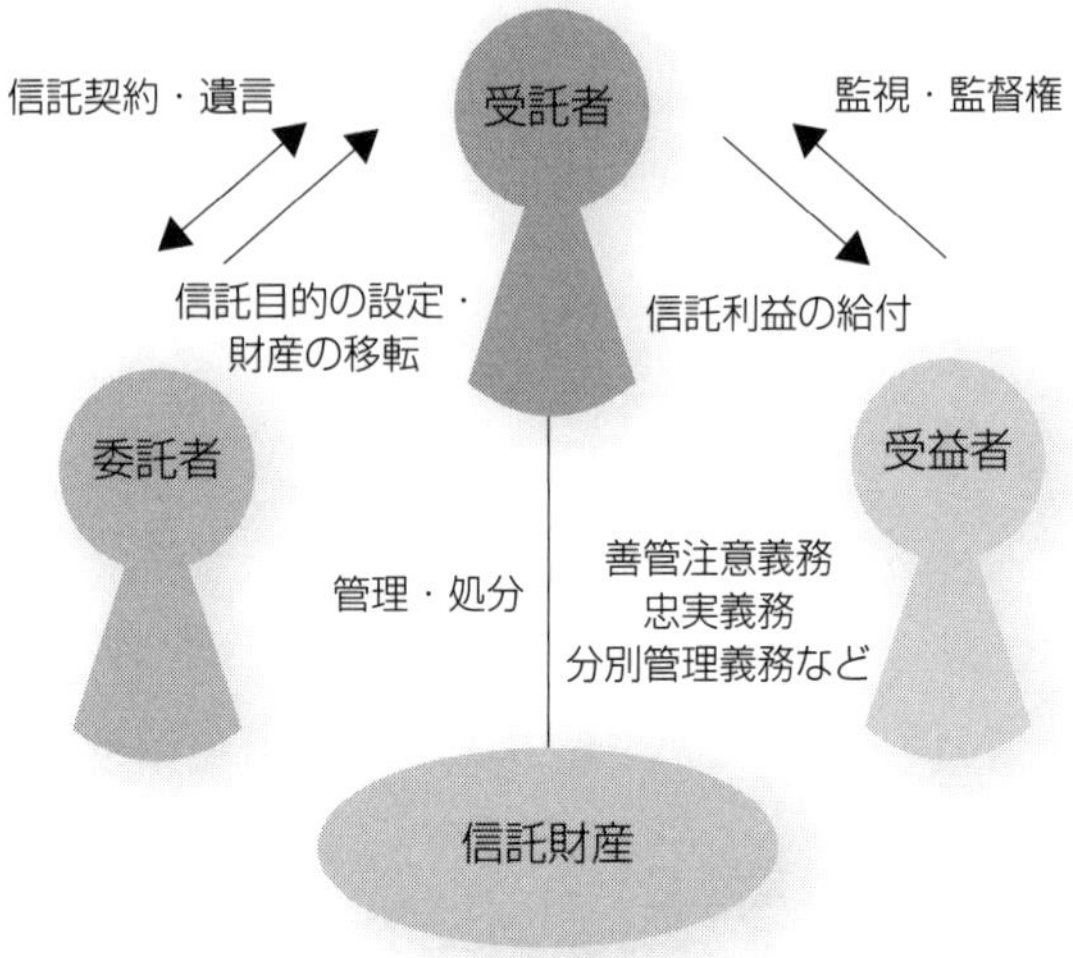

出所：信託協会ホームページ

部化し独立化させた人ですが、これを委託者といいます。第二に、信託された資産の運用から生じる果実、および最終的には信託元本そのものについての権利を有する人で、これを受益者といいます。そして第三に、信託財産の管理者ですが、これを受託者といいます。

　最も単純な形態は、委託者と受益者が同一で、受託者が同時に資産運用の専門家として投資管理に当たる場合です。この場合は、事実上、委託者と受託者との二者間の資産運用管理契約ですから、見かけ上は、わかりやすい構造になります。

　ところが、委託者と受益者が異なる場合は、どちらが信託財産の実質的な所有者なのかは、必ずしも明瞭ではありません。加えて、名目的な所有者は受託者なのですから、当然に事態は複雑になります。

資産運用の立場からいえば、実質的な顧客は資産そのものなのですが、資産は法律上の主体ではないので、利害関係者の実体的関係について考えると、そのことは、法律的に、どのような意味をもつのか、必ずしも簡単な問題ではなくなります。

しかも、現実には、受益者が多数いたり、異なる権利を有する受益者がいたり、受託者とは別に資産運用の専門家である投資運用業者が選任されていたりと、さまざまに異なる構造をもった信託が存在しうるわけです。

これは、実は当然のことなのです。というのも、そもそもが、資産を信託化しようということ自体に、それ固有の特別な事情があるに違いないからです。信託する事情が異なれば、それに応じて、信託の構造は異なり、信託の構造が異なれば、資産運用のあり方も異なってくるということです。このような個別性こそ、信託の特色でもあるのです。

信託の個性

信託には、それぞれの個性がある、信託の本旨とは、その信託の個性のことです。信託の本旨という言葉は、日本の「信託法」にもある用語です。同法第29条は、「受託者は、信託の本旨に従い、信託事務を処理しなければならない」というふうに受託者の義務を定めています。同法には、「信託の目的」という用語もあるのですが、かつて信託法の権威であった四宮和夫は、信託の本旨について、「『信託ノ目的』を、信託のあるべき姿に照らして理想化したもの、換言すれば、委託者の意図すべきだった目的」と解説していました。

もちろん、ここでは、日本の法律の用語として信託の本旨という言葉を使っているのではなく、私なりに、「信託のあるべき姿に照らして理想化したもの」として、用いようということです。

しかし、信託の本旨を委託者の意図と解すれば、事態は、それほど複雑にはなりえないのではないでしょうか。

受託者が負うべき義務と、委託者をも拘束する独立性

それでは、具体的にいって、信託の本旨の効力は何でしょうか。受託者が負うべき厳格な義務と、委託者をも拘束する独立性です。

日本の「信託法」には、はっきりと、「受託者は、信託の本旨に従い、信託事務を処理しなければならない」と書いてあります。この受託者の義務の根拠は、まさに、「信託の本旨」なのです。英米法では、トラストそのものが受託者の負う義務の根拠です。

信託に独立した資産の塊としての一定の主体性を認めるならば、その主体性こそが、契約当事者を拘束する信託の本旨になるはずです。ならば、信託の本旨は、一方で、受託者を強く拘束するのは当然として、他方で、委託者をも一定の範囲内で拘束するのでなければなりません。

なぜ、受託者が厳格な義務を負うのか、なぜ、委託者が拘束されるのか、それは、当然のことながら、信託の本旨の基礎が、原理的に、受益者の利益の保護にあるからです。そうでなければ、そもそも、信託を設定することの意味がありません。

日本のように、信託が契約であり、それが委託者と受託者間の契約であっても、その契約には、受益者の保護のための強い拘束がかかるのでなければ、信託の本旨を没却することになります。受益者の利益が守られなければ、それは、もはや信託ではないはずです。

信託が契約であるにしても、信託の主役は、契約の当事者である委託者と受託者ではなく、その裏に隠れた受益者であるべきです。しかし、受益者は、常に受動的立場に立つものであり、法律的な主体となることはできません。そこに、法制度としての工夫が働くわけです。その工夫が信託にほかなりません。

したがって、受益者の利益を守ることは、受益者に帰属すべき将来利益を生む母体としての資産の適正な管理に帰着します。

しかし、資産は生き物です。というよりも、資産は、活かして収益されるべきものです。ですから、資産の活かし方、すなわち資産管理の方法が、資産から上がる収益の多寡と損失の可能性を規定します。ここに、信託の本旨が重要な意味をもつ理由があります。結果的に大きな損失を生む可能性を高めてまで収益性を追求すべきか、積極的な収益機会を放棄しても元本の保全を最優先させるべきか、それを決めるのは、受託者による信託の本旨の理解なのです。

受託者の責任は、信託の本旨に忠実な資産運用です。そして、信託の本旨がひとえに受益者の利益の保護のためだけに存するとすると、それは、委託者をも拘束する、すなわち、状況によっては、受託者は、委託者の指示に反してすら、信託の本旨に忠実でなければならないでしょう。

もしも、受託者が外部の資産運用業者に投資判断にかかわる権限を委任したとすれば、当然のこととして、受任した資産運用業者にも、同様な義務が課せられるのでなければなりません。

日本の信託業と投資運用業も、そのような厳格な規律のもとにあるものでしょうか。日本の投資運用業は、事実上、信託された資産の運用を行う業です。そして、その信託は、全て営業としての信託（商事信託）となっており、さらに、その全てが少数の信託銀行によって独占されています。

さて、このような日本の構造のなかで、信託の本旨は貫徹しているのか、これが私の長年に及ぶ問題意識です。

フィデューシャリー、あるいは信じて託すること

信託が法律上保護しているのは、信じて託した人と、信じられて託された人との間の信頼関係です。その信頼関係を、英米法では、フィデューシャリー関係と呼んでいます。日本語では、信認関係と訳されることが多いようですので、信認関係と呼びます。英米法における信認関係の代表的なものがトラストです。というよりも、信認関係の概念自体が、トラストにおける当事者間の関係から抽出されてきたものなのでしょう。

トラストの理念が日本法に輸入されたとき、信託という言葉が当てられ、信託法ができたのです。もちろん、日本の信託は、トラストの理念は継承しながらも、トラストとは異なるものとして受け入れたのであり、だからこそ、信認関係の法理も、そのままでは、輸入されることはありませんでした。

信認関係という考え方

英米法では、トラストは契約ではないと解されていますので、関係当事者を拘束す

るものとして、信認関係に基づく行動規範が求められているのだと思われます。日本法では、信託は信託法によって特別に規制される特殊な契約ですから、信託法の規定と契約規範の問題として、信認関係に相当するものを構成すればいいわけです。

日本には、信認関係そのものはなくとも、信認に基づく関係の特殊性は、信託契約の理解のなかに活かされているでしょうし、今後さらに、信託の社会的意義の重要性が認知されてくるにつれて、より深く、より広く、活かされていく、というよりも、活かされていくべきだと思われるのです。

法律的に異なる二つの行為について、その目的における類似性が高い場合、法律上の効果が大きく異なるのは、適当とはいえません。この点の理解については、英米法でも、日本法でも、基本的に同じではないでしょうか。

例えば、英米法では、ある不動産をトラストにして受託者に売却を依頼することと、不動産業者を代理人として売却を依頼することとは、法律的構成が大きく異なることなのですが、だからといって、受託者の責任と、代理人の責任が大きく異なることはありえないでしょう。事実、代理契約における受任者と委任者の関係について、トラストの受託者と受益者（兼委託者）との間の信認関係と同等なものを認めることで、委任者の保護を厚くするような例もあります。

日本でも同じで、類似の目的をもつ信託契約と委任契約は、同等の法律的効果を生むのが適当だと考えられているはずですので、両者に共通する信認関係的なものの理解を媒介しない限り、同等な法律効果を生むような解釈は成り立ちえないでしょう。ですから、日本には、信認関係そのものはなくとも、信認関係的なものの認識はあるはずなのです。

日本で受託者責任というときに、それは、主として、日本の「信託法」のもとでの信託の受託者の責任を意味しているのか、それとも、英米法のフィデューシャリーの責任の訳語として、主として、英米法における信認関係に伴う受託者の責任を意味しているのかは、必ずしも、明瞭ではありません。

一方で、ある人は、英米法の受託者責任を、日本の信託の受託者の責任に読み込もうとするでしょうし、他方では、別のある人は、日本法の内在的理解から、日本の信託の受託者責任を解釈しようとするでしょう。そこには、どうかすると、不毛な議論のすれ違いが起きているのかもしれません。私は、そのような懸念をもっています。

委託者と受益者

トラストは、委託者と受益者が異なることを原則として、受益者と受託者との間の紛争を通じて、その法理を発展させてきました。ですから、委託者と受益者が同一の場合でも、常に、受託者の立場だけが問題とされてきたのであって、そこで委託者の立場が問題となることはありませんでした。

ところが、日本では、委託者と受益者が同一の場合、受託者との間で紛争が生じたとき、紛争当事者は、委託者であると観念されることが多いのではないでしょうか。

トラストの場合、委託者と受益者が同一の場合でも（１４８ページの図参照）、紛争において、委託者の立場が救済されることはありえませんが、日本の場合は、ありえないことではなく、事実、受益者が救済されたとしても、それは、委託者としての立場で救済されたのか、受益者としての立場で救済されたのかは、形式面はともかく、その実質面においては、必ずしも明瞭ではないのではないでしょうか。

もしも、私の予想が正しいなら、日本においては、信託の受託者の責任が問題となるとき、それは、ひとえに受益者に対する責任が問題となるわけではなく、委託者に対する責任も強く意識されてくるのではないでしょうか。そのことが、受益者と受託者との間の本来あるべき受託者責任の理解について、微妙な影響を与えていると思うのです。

委託者は、信託成立の主役ではあっても、ひとたび成立した信託については、形式的には契約上の当事者ではあっても、もはや主役ではなく、主役は受益者であるとの認識がどこまで徹底されるかです。

信託の受託者の忠実義務

信託の受託者には、専らに受益者の利益のために行動しなければならないという厳しい規範が課せられます。この行為規範が忠実義務です。忠実義務は、信託という制度を根底において支える理念的要請であり、また信託法にも明示される法定の義務です。さて、その実質的内容とは何でしょうか。

忠実義務を厳格に解すれば、受託者は、他人である受益者のために、自己の利益を度外視して働かなくてはなりません。理念的には、信託とは、委託者が受託者を信じて、受益者の利益の保全を受託者に託することですから、信じて託されたものとしての受託者には、そのような重い責任が課せられて当然です。

信託の唯一の目的は、信託の本旨に則って、受益者の利益を守ることです。その目的のためにのみ、受託者は行動しなければなりません。忠実義務という用語を用いるにしても、要は、信託の目的から自動的に導かれる規範であって、信託に内包される本質の一つの表現形態にすぎないのです。

そのように受託者の責任が重いなら、積極的に受託者に就任しようとする者はいなくなり、信託自体が成立しないとも考えられます。

しかし、自ら進んで大きな社会的責任を引き受けることは、社会人の責任として、社会的地位の証として、賞賛されるべきことではないでしょうか。社会に対する責任を引き受けること、すなわち、人が、社会の構成員として、社会に積極的に関与することこそが、人の集合としての社会を、単なる人の集合ではなく、有機的な組織として、成立せしめる重要な契機でしょう。

議会制民主主義において、議員になることは、自己の利益を度外視し、専らに社会的厚生の増大に努めることを意味するのではないでしょうか。それが民主主義を成立させる根底の原理でしょう。

株式会社制度において、取締役になることは、自己の利益を度外視し、専らに企業価値の増大に努めることを意味します。それが資本主義を成立させる根底の原理です。同様に、信託制度において、受託者になることは、自己の利益を度外視し、専らに受益者の利益のために努めることを意味するのであり、それが信託制度を成立させる根底の原理なのです。

忠実義務と報酬

議員、取締役、受託者、いずれの地位も、無償の行為としては、成り立ちません。当然に、重い責任の対価がないと、その地位に就任する人はいないでしょう。

私は、議員、取締役、受託者、いずれの地位も、原理的には、無償であるべきだと考えています。そこに経済計算の入る余地を認めないからです。

いうまでもありませんが、地位の対価が無償であることは、その地位にかかわる職責の遂行に要する正当な経費までも、請求しえないということではありません。実際、例えば、議員歳費の性格とは、報酬であるよりも、活動経費なのではないでしょうか。もちろん、活動できるためには、生活できなければならないという意味で、歳費に生活費を含むにしても。

取締役報酬も同様です。執行機能を兼職する取締役の場合、その報酬は、基本的に執行機能から生じているのであって、取締役の機能としては、社外取締役と同様、合理的な活動経費相当以上の対価を得るべきではないはずです。

信託の受託者に就任すれば、受益者の利益を守るためのさまざまな活動が必要になるでしょう。そのような活動に要する費用は、信託財産から徴収できます。逆にいえば、受託者としての正当な活動にかかわる正当な費用のみが信託財産から徴収できるのであって、それを超える金銭は、一銭たりとも徴収しえない、これが忠実義務の帰結です。

つまり、忠実であることは信託受託者の当然の義務であって、単に受託者として忠実であることによっては、一銭の報酬も発生しえないはずです。ただし、忠実に義務を履行するには、費用が発生する場合があります。その費用は、受託者としての報酬ではなく、あくまでも受託者の活動経費として、その正当性を証明できる限りにおいて、信託財産から徴収しうるということです。

経費の正当性というのは、なかなか判定しにくい問題です。

困難な問題は、商取引においては、常に対価のなかに利潤を内包しているということです。この利潤について、法外な利潤が経費としての適正性をもたないことは自明としても、適正な利潤なら許容されるのか、それとも、利潤を乗せることは一切認められないのかは、簡単には決しえない問題です。

特に問題となるのは、営業としての信託、つまり商事信託でしょう。商事信託において、受託者となる信託会社（日本の現状では、事実上、銀行の兼営としての信託銀行）は、事業として信託業を営むのですから、信託報酬（費用というべきだと思いますが、通常、こう呼びます）に適正な事業利潤を含むことは、当然のこととして認めざるをえないようです。しかし、受託者において、信託報酬の総額につき、その構成要素、経費の適正性、そして利潤の適正性が証明されなければならないでしょう。

専らに受益者の利益のために行動するということは、経費の適正性以前の問題として、受託者は、信託財産を利用して、自己の利益を得てはならないということです。

利益相反取引

自己が利益を得ることのみならず、受益者以外の特定の第三者に利益を得さしめることも、忠実義務違反として、厳に禁じられます。信託財産を利用して、自己もしくは第三者の利益を図る場合として考えられるのは、第一に、利益相反取引です。

受託者が、信託財産の管理運用において、信託財産の売買や賃貸等を行うに際して、自己もしくは自己と関係のある第三者を取引の相手方にすることは、仮に取引条件が公正妥当なものであっても、信託財産を利用して、自己もしくは第三者の利益を図ることができる可能性、すなわち、利益相反の可能性を生じさせます。

さて、法律の明確な規定によって、事前に利益相反の可能性そのものを排除する、すなわち、自己および自己と関係のある第三者との取引を完全に禁じるべきかどうかは、法政策の問題です。日本の信託法では、原則禁止の立場ながら、事前の定めや受益者の了解がある場合、信託の本旨に則した取引であり、かつ、公正な条件における取引であって、受益者の利益を損なわないことが明瞭な場合等にまで、禁じる必要はないという考え方に立っています。

信託の受託者責任について、問題となる代表的事例は、忠実義務と利益相反取引との関係です。

利益相反取引については、その可能性自体を禁じるという立法の構造がありえます。

もしも、日本の信託法についても、そうした法律の建付けになっていたら、少なくとも、利益相反取引に関する限り、忠実義務違反が放置されるような事態は、断じてありえないわけです。

利益相反取引の可能性自体を禁じるというのは、例えば、顧客の委託を受けた代理人に対して、自分自身が取引の相手方になることを禁じるということです。具体的にいえば、信託において、受託者の行為規制として、当該信託財産の運用に関しては、受託者自身が取引の相手方になることを禁じるという法律の規定を導入するわけです。

この場合、自己取引が不可能であれば、受託者は、利益相反取引を行いうる状況自体に身を置くことがないので、利益相反取引は可能性の次元において完全に排除され、それゆえに、受託者の忠実義務の履行は、少なくとも、利益相反取引に関する限り、完全に担保されるわけです。

しかし、それでは不便です。利益相反取引になりえない自己取引を認めるほうが、法律の仕組みとしては、実務的に弾力的だと思われます。

ですから、日本の信託では、受託者による利益相反取引は禁じられていても、自己取引は禁じられていません。つまり、利益相反取引に該当しない自己取引がありうる以上、利便性を損じてまで、自己取引を禁じる必要はないということです。

　そこで問題になるのは、利益相反取引かどうかを判定する基準です。ところが、そこに明確な客観基準を作ることなど、ごく限られた場合以外は、おそらくは、実務的に不可能でしょう。

　その限られた場合というのは、受託者以外の他者と取引をしても条件が変わらないような場合、すなわち、一般的に市場で成り立つ公正価格による取引であることが証明され、かつ、その取引によって受託者が取引業者としての立場で得る報酬が妥当で合理的であることが証明される場合だけです。

　そのような難しい証明をする義務は、受託者側にあるのです。ならば、形式的には、自己取引が可能ではあっても、現実的には、利益相反取引でないことの完全な証明の困難性ゆえに、自己取引は、事実上、禁じられているのと同様な結果になるほど、限定的にしか認められえないことになります。

　ところで、利益相反取引は明示的には禁じられていません。単に、受託者には忠実義務が課せられる関係で、忠実義務違反を回避すれば、結果的に、利益相反取引も回避される、それが法律の構成です。

何が忠実義務違反かは、明示的に特定されているわけではないので、忠実義務に違反した取引は禁止だといっても、その禁止の実効性は、非常に疑問である、それが、ここで提起したい問題点なのです。

ここでは、二つの点が重要です。第一に、忠実義務違反行為が、例えば、自己取引というように、明示的に特定されていれば、形式的な金融規制によっても、忠実義務違反は防止できるということです。もっとも、それすら、全ての取引を網羅的に列挙することは事実上困難ですから、実効性には疑問が残りますし、利便性を考えるとき、このような制度の構造に問題のあることは、先に述べた通りです。

第二に、より重要なこととして、忠実義務違反をめぐって法律上の紛争が起きない限り、忠実義務違反の定義の内実は深められないということです。このことは、忠実義務違反の内容についてだけでなく、注意義務も含めた受託者の責任全体についていえることです。

いかなる受託者責任違反行為も、顧客合意のもとでは、問題になりえません。合意は、必ずしも明示的である必要はなく、顧客側において、受託者の義務違反に気付かない、気付いても見過ごす、それでは、結果的に同意を与えたのと同じことになります。

おそらくは、日本では、そうした現実があり、それが、受託者責任の内容を薄っぺらなものにしているのです。つまり、信託の受託者と受益者（あるいは委託者）との間には、健全な緊張関係が十分に働かない場合が多いのだろうと推測されるわけです。しかし、それでは、顧客自身の注意義務違反等が問題になってしまうのではないでしょうか。

まさに、その論点こそ、日本の信託に真の受託者責任の履行を実現させ、日本の信託の質を高め、米国のトラストと同様の次元にまで持ち上げていくことで、日本の国際金融センター化を実現していくための基本的視点であるべきです。

競合行為

受託者が金融機関や不動産取引業者等であれば、信託財産の運用管理においてなすのと同様な行為を、自己の勘定においてもなしうるわけで、可能性としては、同一案件に対して、自己の管理する信託財産の取引と自己の勘定による取引が競合もしくは競争的関係に立つこともありえます。

このような競合関係の場合、確かに信託財産との直接取引ではないものの、それと同様に、もしくはそれ以上に、受託者の利益と受益者の利益が衝突することが考えられます。さて、このような競合を完全に禁じるかどうかも、法政策の問題ですが、一般に、専門家だからこそ受託者に選任されていることを考えるならば、完全禁止は、かえって受益者の利益にならないとの見解も成り立ち、日本の信託法では、受益者の利益に反しないことを条件に認められています。

しかし、法政策の問題でしょうが、李下に冠を正さず、ということもあります。強行法規によって全面禁止にするというのは、硬直的にすぎて、円滑な信託財産の管理運用を阻害し、かえって受益者の利益を損なう場合もあるので、実務的に支持し難いとされてきました。しかし、理念としての原則禁止も外せないところですから、法律の構成としては、正当事由の存在を条件に例外を認めるという構造になっているのです。

要は、正当事由の正当性の判定にかかわるわけで、それは、取引条件の公正性に帰着するのだと思われます。その際、第一に問題になるのは、仮に公正取引であったとしても、それが商取引である以上、適正利潤を内包することですが、これは、信託事務の執行に要する費用の正当性と同じことで、認めざるをえないものなのでしょう。

しかし、より大きな問題は、取引条件の公正性の証明です。受託者と受益者との間には、完全な情報の対称性など、成り立ちえません。もちろん、受託者が情報面での優位に立ちます。そうしたなかで、仮に事前の取り決めや受益者の了解があったとしても、それが受益者側の真の理解に基づくものなのか否かは、大いに疑問です。

むしろ、受託者に対しては、厳格な忠実義務の履行を求めるような制度設計も検討されていいのではないかとも思われるのです。なぜなら、受託者（受託者と関係のある第三者を含む）の信託財産の管理運用に関しては、自己取引および競合取引を完全に禁止しても、実は、実害を回避できるからです。

背景として、信託の受託者の業務において、事務執行の分離が進んできていることがあります。

外部専門家の導入

根源的な問題として、完全な忠実義務と完全な自己執行義務とは、両立しえないという面があります。自己執行義務とは、信託が受託者への信頼を基礎とする制度である以上、受託者の職責は、受託者自身によって全うされなければならず、第三者に委任することはできないとする思想です。だからこそ、完全な忠実義務に例外を設けても、受託者の専門的能力の発揮を優先させてきたのです。

しかし、今日の資産運用は、信託制度が当初に想定していたよりもはるかに専門性が進んでおり、信託財産の運用管理においても、専門性に優れた外部者の機能を利用することを妨げるような障害もなくなっています。専門性とは、投資判断にかかわることのほか、事務処理にかかわることも含みます。

実際、日本の現在の信託法においても、外部の専門家を積極的に使う前提で、自己執行義務の大幅な緩和がなされています。ならば、厳格な忠実義務を導入しても、実務には、何らの障害もないわけです。

外部専門家の導入によって、信託機能は、むしろ受託者の利益保護の監視という統制機能へと純化します。

今日の複雑化した社会のなかでは、自己執行と自己統制は、簡単には両立せず、また両立しうるにしても、そのことを、外部の第三者に対して、完全に証明することは難しくなっています。ですから、執行と監視の分離が求められるのです。

同様のことは、信託についてもいえるわけで、信託の事務執行と内部統制とは、完全に分離すべきだとも思われるのです。そうすることで、信託制度の社会的信頼性が上昇し、かつ、外部の優れた専門家の利用によって信託事務の品質が向上するならば、それに越したことはないでしょう。

専らに受益者の利益のために

かつて、私が非常に興味深く思った事例は、退職後の競業を禁じる雇用契約の有効性についてです。

運用会社において、幹部職員が退職して同業他社へ移転する、あるいは独立して自らの運用会社を新たに起こす、そのようなことは、米国では、日常茶飯といってもいいような普通のことです。その際、当然に予測されることですが、一部の顧客は、その幹部職員とともに、移転先の会社や新たに作られた会社に契約を移してしまう、そうした可能性があります。

こうした顧客財産の移動は、資産運用の技術に高度な属人性が伴う以上、避け難いことです。顧客としては、ある運用会社に委託しているという自覚よりも、その運用会社の特定の担当者に委託しているという自覚のほうが強い場合もあるからです。

そこで、多くの場合、運用会社は、投資の意思決定において枢要な地位を占める幹部との間で、退職後の行動を制約するような契約を結んでいます。つまり、退職後の一定期間、競業行為を禁じる内容の契約です。

さて、具体的には、こういうことが起こったのです。ある運用会社において、そこのスターともいうべき有名で有力な運用担当者が退職し、新たに自分自身の会社を起こしたところ、複数の大口の顧客が行動を共にし、新しい会社に契約を移してしまったのです。当然のこととして、ここにも協業を禁じる契約が存在したので、当該運用会社は、直ちに訴訟を起こしました。

訴訟は意外と複雑な展開をたどったのですが、先ほどいいましたように、ここでは結論は重要ではなくて、トラストの受託者の忠実義務違反が論点として浮上してきた経緯が面白いのです。

なぜここに、トラストの受託者の忠実義務が登場するのでしょうか。なぜなら、契約を移転した顧客のなかには、トラストとして厳格な規制を受けている年金基金があったからなのです。

米国では、年金基金は、それ自体としてトラストであり、運用会社を選択する立場にある基金の管理責任者も、選任を受けて運用している運用会社も、皆、トラストの受託者として、同等な忠実義務を負うことになっています。

そうしますと、運用会社に課せられる厳格な忠実義務の効果として、運用会社は、受益者（直接的には年金基金自体ですが、究極的には年金制度の加入員受給者）の利益のためだけに行動しなければならず、自分自身を含めて他のいかなるものの利益のためにも行動してはならないわけです。

競業を禁じる契約の目的

さて、競業を禁じる契約の目的は何でしょうか。それは、顧客である年金基金の利益を守るためではなくて、運用会社自身の利益を守るためではないでしょうか。ならば、その契約は忠実義務に違反してはいないでしょうか。まさに、これが論点となったのです。

その視点からいうと、年金基金の利益だけを考えた場合、基金の意向にそって新会社への契約移転を認めるほうが、トラストの受託者としては、顧客に忠実たりうるということですか。難しいですね。

何が難しいといって、運用会社が負う忠実義務の視点からみたときに、競業禁止契約の目的のとらえ方が難しいわけです。それは、運用残高の流出を防止することで運用会社の利益を守るためのものなのか、それとも人材の流出を抑止して運用組織の安定性を図り、ひいては運用の質を維持することで、最終的に顧客の利益を守るものなのか、さて、どちらであるかは、一概にはいえないと思われるのです。

加えて、資産運用技術の属人性についての判断も、難しいところです。契約を移転した年金基金においては、高度な属人性を認めるがゆえの判断かと思われるのですが、はたして、それは妥当な判断なのでしょうか。むしろ、長く慣れ親しんだ運用担当者との人的関係を重視した判断ではないのでしょうか。だとすれば、それは必ずしも年金基金の利益のためだけになされた決定ともみえないようです。

つまり、競業禁止契約というのは、運用担当者の属人性のゆえになされるのではなく、顧客と運用担当者との人的関係における属人性の発生を未然に防ぐためになされるのではないのか、そのようにも考えうるわけです。

要は、大きな論点として、顧客の利益のためだけに、といった場合、特定顧客だけを優遇する結果、他の顧客に対して忠実でなくなってはいけない、ということもあるわけです。運用会社の受託者としての責任において、組織を守り、運用の質を維持する、そのために競業禁止契約のような施策を講じることは、顧客の集合全体に対する関係では、むしろ忠実義務の履行ともとらえうるのです。

高度な職業倫理の育成

米国の資産運用事業の隆盛の裏には、それに携わる者の多くが、トラストの受託者としての重い義務を課せられ、そのなかで切磋琢磨してきたことがあります。それが、資産運用の高い質を規定してきたのです。

その資産運用の質は、当然のことながら、投資家としての強い行動規範に帰結し、それが、被投資側の企業に強い圧力として働き、そして米国の企業統治によい影響を与え、米国産業の隆盛に結果したのです。

安倍政権は、この仕組みを正しく理解しているとみられ、その成長戦略のなかには、こうした米国の成功に学ぶ姿勢が明瞭にでています。我ら投資運用業界に課せられた課題も、極めて明瞭です。

それは、まずは、年金基金や投資信託に米国流のトラストの受託者責任を導入することであり、そのもとで、同じトラストの受託者としての厳格な規律のもと、投資運用業者の切磋琢磨がなされることであり、その結果、運用の質が向上し、ひいては、それが被投資先の産業界の企業統治に好影響を与える、そのような循環を確立することなのです。

そして、何よりも重要なことは、厳格な忠実義務のもと、顧客の利益のみを考え、顧客利益のためにのみ行動するという業界の倫理の確立なのです。ここには、規制は働かない。いかなる規制も、人に正しく思考させることは強制できないからです。業界の切磋琢磨のみが、業界人の高度な職業倫理を育てる、そのような風土の醸成こそが、同業者団体としての業界の使命なのです。

第6章

Fiduciary Duty

これからの課題と展望

「フィデューシャリー宣言」の普及拡大

フィデューシャリー・デューティーは、顧客の視点に立つという基本理念において、金融の全領域はおろか、事業活動一般に及ぶ長く深い射程をもつわけですが、金融庁によって、それが最初に対象として名指しされた領域は、資産運用なのですから、金融界として、とりあえずは、この分野でフィデューシャリー・デューティーの貫徹を実現することが急務です。

具体的には、より多くの金融機関において、「フィデューシャリー宣言」のなされることが必要です。なぜなら、フィデューシャリー・デューティーの徹底に限らず、金融庁は、金融の全領域において、改革の方法論として、ベストプラクティスの追求、すなわち、金融機関自身の自主自律と創意工夫を求めている以上、自主的な宣言型の改革は、もはや、標準的手法として、定着したと考えられるからです。

「フィデューシャリー宣言」は、既にメガ銀行グループにおいて、なされています。これは、巨大金融グループにおいては、内部に多様な機能をもつことから、利益相反等の可能性を疑われる事態もありがちであることを、背景にしているのでしょうが、フィデューシャリー・デューティーの実践は、利益相反の防止だけにかかわることではありません。

例えば、投資信託の販売は、ほとんどすべての地方銀行、信用金庫、中小証券会社において行われているのですから、各社、それぞれの顧客基盤と営業戦略とを前提にして、独自の「フィデューシャリー宣言」を行うべきです。

また、投資運用業者において、「フィデューシャリー宣言」を行っていない会社が多数あることは、大きな問題です。なぜなら、投資運用業者は、産業構造改革の前提として、コーポレートガバナンスの抜本的改革が必要とされるなか、投資家としての重大な責務（「スチュワードシップ・コード」の求めるもの）を果たさなくてはならないのですが、フィデューシャリー・デューティーの徹底は、その基本前提となるものだからです。

投資運用業者は、「フィデューシャリー宣言」によって、顧客に対する責任を明確にしないかぎり、責任ある投資家として、投資先企業の経営者と建設的な対話など、できるはずもないのです。

「フィデューシャリー宣言」の高度化

フィデューシャリー・デューティーは、投資信託だけの問題ではありません。したがって、例えば、投資信託と同様な金融機能をもつ貯蓄性保険について、フィデューシャリー・デューティーの適用がないなどと考えることは、完全な誤解です。

投資信託の手数料等については、詳細に開示されているのに、貯蓄性保険については、開示されていないことについて、大きな問題となり、統一的な開示ルールの策定等の検討課題にあがったわけですが、結論としては、各金融機関の自主自律の問題とされたことなどは、フィデューシャリー・デューティーの主旨に適うことです。

この点は、みずほフィナンシャルグループは、「フィデューシャリー宣言」に従い、率先して手数料開示に踏み切り、他の大手金融グループもそれに追随したことは、大変に喜ばしいことです。こうして、「フィデューシャリー宣言」は、活きた規範として実践されることを通じて、金融機関の文化風土を変革していくのです。

「フィデューシャリー宣言」を既に行っている金融機関は、実践を通じて、その内容を日々高度化しなくてはいけません。また、まだ「フィデューシャリー宣言」を行っていない金融機関は、新たに宣言をしなくてはいけませんが、そのときには、フィデューシャリー・デューティーの基本理念が金融機関自身の創意工夫であり、切磋琢磨である以上、必ず、先行する他社の宣言を凌駕する内容をもっているべきです。

フィデューシャリー・デューティーは三つの観点から検討

　フィデューシャリー・デューティーを狭くとらえてはいけません。金融機関経営にとって、それがもつ意味は非常に大きいのです。第一に、金融行政の目的としての経済成長と国民の資産形成、第二に、金融庁にとっての国民の視点、すなわち、金融機関からすれば、顧客の視点であり、第三に、金融庁の対話路線への転換、すなわち、金融機関からすれば、徹底した自主自律に基づく経営、この三つの観点から、深く真剣に検討されなくてはいけません。

　このような視点からフィデューシャリー・デューティーを再検討するとき、もはや、それが投資信託という狭い分野に限った話でないことは、すぐに理解できるはずです。金融のすべての領域において、経済成長と国民の安定的な資産形成に対する貢献、徹底した顧客の視点、自主自律的な経営革新は、共通の経営課題なのです。

フィデューシャリー・デューティーを規制と考えたり、狭い投資信託の問題と考えたりするような金融機関は、顧客から見放されて、消滅していくしかないでしょう。逆に、フィデューシャリー・デューティーを顧客の視点に立った経営革新の起爆剤ととらえる金融機関は、顧客から選ばれ、支持されることで、明るく豊かな未来を手にするのです。

「コミットメント宣言」と情報の対称性

「フィデューシャリー宣言」と同じ宣言型の改革は、資産運用関連の業務に限らず、金融の幅広い分野で、適用可能なはずです。例えば、銀行の融資業務における「コミットメント宣言」です。

債務者である企業は当然のこととして、銀行との円滑な関係を維持できるように、意図的に行動する傾向をもちます。具体的には、業況の改善は、それを示す証跡とともに、積極的に銀行に伝えても、経営の悪化については、それを示す証跡を隠し、銀行に覚られないようにするでしょう。これでは、銀行として、適切なときに適切な支援をしようとしても、そもそも、きっかけを得ることができません。

銀行として、適切に事業性を評価し、適切な支援の方法を工夫できるためには、業況の悪化について、債務者が早期に相談に来るように仕向けなければなりませんが、その結果として、融資条件等の不利益な変更を予想するなら、すなわち、傘を取り上げられるのでは、誰もそうはしません。

それに対して、患者は、最適な治療を得るために、体の悪いところを包み隠さずに医師に報告します。それは、最適な治療の提供が医師の職業上の義務として、つまり、フィデューシャリー・デューティーの実践として、確約されているからなのです。同様に、債務者が悪いところを包み隠さずに銀行に報告するためには、銀行として、債務者に支援が確約されていなければならないのです。

医療の根本にあるのは、医師と患者との間の信頼関係、というよりも、より高度な信認関係、すなわち、フィデューシャリー関係であり、患者の生きることへの強い意志です。こうした心的なものがなければ、テクノロジーによって正しく病因が突き止められ、適切な治療方法が発見されても、患者として、治療を受け入れることはないでしょう。

同様に、企業経営において基礎にあるのは、働く人、取引先、そして何よりも経営者なのであって、それらの人の心抜きには、また、銀行と債務者である企業との間の関係、信認関係へまでは高めえないにしても、とにかく強い信頼関係抜きには、いかなる支援策も有効には機能しえないと思われます。

もちろん、銀行は、収益事業として支援を行うのであって、慈善事業を行うのではありませんから、厳格な金融規律のもとで、一切の支援を打ち切らなければならない局面もあります。それは、医療においても、治療しえない能力の限界を超えた領域があるのと同じです。

問題は、最善が尽くされたかどうかです。医師として、最善を尽くしたといえる限り、治療しえなかったとしても、患者も遺族も納得できるのであって、治療の確約は成就したのです。銀行として、最善を尽くしたといえる限り、支援しえなかったとしても、経営者も従業員も納得できるのであって、支援の確約は成就したのです。

地域金融機関の「コミットメント宣言」

もちろん、融資業務における銀行の立場は、フィデューシャリーではありません。しかし、顧客の視点に立つという意味では、顧客のためにベストを尽くすという意味では、理念的にフィデューシャリーでありえます。ならば、銀行の自主自律的な取組みとして、融資業務の高度化は、フィデューシャリー宣言と同じように、「コミットメント宣言」という顧客への確約を公表することで実現できるはずです。

地方銀行や信用金庫などの地域金融機関においては、この「コミットメント宣言」を敷衍拡大すれば、地方創生における役割を果たすことを、地域社会に対して、確約すること、すなわち「地域コミットメント宣言」という形へも、発展させることができるでしょう。

特に、地方銀行の場合、地方創生への貢献が期待されるわけですが、フィデューシャリー・デューティーの理念を地方創生へ適用するとき、専らに地域のために、という、地方銀行としては当然極まりない理念が導けるでしょう。

専らに地域のために、は専らに地域産業のために、ということであり、それはさらに、銀行の本業である融資の現場において、専らに融資先企業のために、というふうに、具体化していくはずです。

顧客密着の事業創造

住宅ローン競争の実態は、多くの場合、他行等の住宅ローンの借り換えを促すもので、競争の裏に新規の住宅供給はありません。住宅ローンは、新規の住宅供給に伴う価値創造を抜きにしては、金融機能としての価値を生むことはないから、競争による金利の低下を通じて、銀行の利益が減少するだけです。

法人融資でも、他行等の顧客へ積極的な営業攻勢をかけることは、不毛な住宅ローン競争と同じ帰結を生みます。しかも、より問題が深刻なのは、活動総量に限界があるなかで、新規営業に多く活動量を振り向ければ、既存顧客に対するサービスの水準は低下せざるをえないことです。

サービスの劣化により、顧客の不満が高まったときに、他行が営業に来れば、よりよいものにみえてしまうのは避け難い。こうして、銀行は、新規の顧客を獲得する一方で、既存の顧客を失い、地域全体としては少しも成長せずに、ただ不毛な競争によって、金利が低下して銀行収益を圧迫し、サービスの質は劣化していく、これぞ、恐るべき悪循環といわざるをえません。

いま、発想の転換が必要です。日本経済において、特に地方経済において、人口減少という現実は動かしようがありません。そのなかで、アベノミクスの政策課題は、産業構造改革といい、働き方の改革といい、人口が3割減るとしても、生産性を5割改善することができれば、まだまだ成長できるということであって、要は、量から質への転換なのです。

もはや、新規に開墾すべき畑はないのです。しかし、既存の畑を深く耕せば、収穫を拡大できます。これを融資についていえば、徹底した顧客密着ということです。

顧客密着は、直ちには融資額の増加を意味するわけではなく、事業性評価能力を高めて情報の対称性を構築することによる債権管理の高度化、すなわち、融資の質の向上、いいかえれば、潜在リスクの低下を意味し、また、事業性の評価に基づく融資として、顧客の真のニーズに適うことを通じて、金利以外の要素における価値を創造することで、リスクに応じた金利が取れること、すなわち、融資の採算性の向上を意味します。いずれも、金融機関の利益成長につながることは自明です。

そして、このようにして、顧客の視点での融資に徹することで、顧客企業の経営の質を高め、成長を支援できれば、最終的には顧客の成長とともに、融資額も成長していくことが期待されるのです。

　地方銀行の経営に関して、このような顧客との共通価値の創出を目指すことを基軸にして、持続可能性のあるビジネスモデルを構築すること、これこそ、現在の森信親長官のもと、金融庁が強く推進してきた地方銀行のベストプラクティスなのです。

　生命保険についても、国内市場の成熟と飽和が明らかであって、成長のためには、新規商品の投入が必要であるようにみえますが、だからといって、銀行等の新チャネルを通じて、新しい顧客に対して、保険的要素の希薄な外貨建て等の貯蓄性保険を販売しようとすることは、生命保険会社の成長戦略の追求というよりも、もはや経営の本質からの逸脱とも考えられます。

　むしろ、生命保険会社の固有の事業領域として、誕生から死亡までの超長期の顧客密着により、ライフサイクルの推移に応じて、適切な商品とサービスを、顧客の視点で提供していくこと、これこそ、生命保険会社の経営のベストプラクティスではないのでしょうか。

年金基金の「フィデューシャリー宣言」

企業年金の本格的な資産運用の歴史は、それほど長くありません。1990年に、「厚生年金保険法」が改正され、当時の代表的な企業年金制度であった厚生年金基金の資産運用について、初めての改革がなされたのですが、それ以前は、運用会社は、信託銀行と生命保険会社に限定されており、厚生年金基金は、運用能力とは全く無関係に、母体企業との関係や人的関係等によって、運用会社を採用していたのです。法律改正は、この事態に対する改革でした。

しかし、改革路線は、すぐに頓挫します。現在でも、厚生年金基金から改組された確定給付企業年金も含めて、企業年金の運用会社の選択においては、真の運用能力による健全なる競争とはほど遠い状況のなかで、旧態依然たる母体企業との関係や人的関係等による選択が横行しているのです。

企業年金は、金融庁の所管ではありません。しかし、金融庁がフィデューシャリー・デューティーの導入に踏み切った背景には、このままでは真の資産運用業界の健全な発展は見込めないという危機感もあったはずです。フィデューシャリー・デューティーは、規制ではなくて理念ですから、理論的には、監督官庁の違いを超えて、企業年金や公的年金の資産運用にも、適用しうるはずなのです。

そもそも、本来はフィデューシャリー・デューティーを待つまでもなく、企業年金基金、および企業年金をもつ企業、また公的年金基金は、制度の加入員と受給者に対して重大な責務を負うものとして、その責務の厳格な履行について、自主自律の問題として、真剣に考えて対応すべきものなのです。その具体的な方法が「フィデューシャリー宣言」の公表です。

企業経営にとっての反省の契機は、「コーポレートガバナンス・コード」です。特に、その第二章「株主以外のステークホルダーとの適切な協働」の主旨を、理性的に検討するとき、真の企業価値の向上にとって、企業年金の適正な管理が重要な要素であることは、容易に理解されるはずです。

そうなれば必ず、企業として、また企業年金基金として、「フィデューシャリー宣言」を公表し、自己規律として、企業年金の運営の適正化を図る企業が出てくるでしょう。そのような企業こそ、真の優良企業です。

真の優良企業の動向は、他の多くの上場企業にも影響を与え、上場企業全体の動きは、日本の産業界全体を動かし、日本社会を動かして、公的年金の管理運営のあり方にも影響を与えていくでしょう。さらには、同様な動きは、確定給付企業年金だけでなく、確定拠出企業年金の運営にも、拡大していくでしょう。

　どの企業が最初に「フィデューシャリー宣言」をするか楽しみですが、それは、間違いなく、日本一の真の優良企業です。どの企業か、とても楽しみです。もっとも、本当は、日本最大の年金基金であるＧＰＩＦ（年金積立金管理運用独立行政法人）こそが、国民からの信認を得るために、真っ先に「フィデューシャリー宣言」をすべきなのですが、さて、どうでしょうか。

２０１６事務年度金融行政方針

　２０１６年10月20日、金融庁は「平成28事務年度金融行政方針」を公表しました。当然、フィデューシャリー・デューティーは、継続して、重点政策課題として掲げられています。

　そのなかで注目されるのは、今回初めて、フィデューシャリー・デューティーに、明確に「顧客本位の業務運営」との定義が与えられたことです。そこでは、次のように、述べられています。

「フィデューシャリー・デューティーの概念は、しばしば、信託契約等に基づく受託者が負うべき義務を指すものとして用いられてきたが、近時ではより広く、他者の信任に応えるべく一定の任務を遂行する者が負うべき幅広い様々な役割・責任の総称として用いる動きが広がっており、我が国においてもこうした動きを広く定着・浸透させていくことが必要である。すなわち、金融商品の販売、助言、商品開発、資産管理、運用等のインベストメント・チェーンに含まれる全ての金融機関等において、顧客本位の業務運営（最終的な資金提供者・受益者の利益を第一に考えた業務運営）を行うべきとのプリンシプルが共有され、実行されていく必要がある。」

「顧客本位の業務運営」は、さらに、具体的に「最終的な資金提供者・受益者の利益を第一に考えた業務運営」とされています。これで、金融庁がフィデューシャリー・デューティーに込めた意味は、非常に、明瞭になりました。

本書で、何度も強調してきたように、フィデューシャリー・デューティーは、規制ではないのです。それは、顧客の利益を第一に考えた金融機関の業務運営のプリンシプルなのです。

顧客の利益を第一に考えた業務運営というプリンシプルは、なにも、投資信託等の資産運用関連業務だけに当てはまるものではないでしょう。資産運用関連業務だけで、顧客の利益を第一に考えた業務運営が求められるというのは、はなはだおかしなことです。

このプリンシプルは、金融機関の全業務に共通するものです。資産運用関連業務を一つの例示として、このプリンシプルが強調されていると考えてこそ、森信親金融庁長官の真意に適うのです。

森金融庁長官の熱い思いに応える

日本の金融行政の歴史において、また世界の金融行政においてすら、森信親金融庁長官ほどに、大きな視野と深い洞察を持たれた方は、稀有なのではないでしょうか。もはや、森長官にとって、金融規制という概念は、古く、かつ狭いのです。金融システムの安定と経済成長の二つの目的を目指すものとして、それは、経済産業政策の一翼として、総合的な金融行政へと拡大し、深化したのです。

森長官の理念は、金融行政の社会的機能の新しい定義に集約されています。つまり、経済成長と国民の資産形成に寄与することを通じて、金融機関の安定的な収益にもつながっていくような好循環の実現を目指すことという定義です。この定義は、いいかえれば、金融機関と顧客との共通価値の創造を促すことです。

この定義にある理念を実現する手法としては、取り締まり的な印象の強い金融規制は有効ではありません。そこで、金融機関との建設的な対話を通じて、各金融機関に自主自律的な創意工夫を促す手法に転じたのです。

フィデューシャリー・デューティーは、この森長官の改革路線を象徴するものとして、主として投資信託の改革を念頭に置いて導入されたものですが、その基本理念は、自主自律的な創意工夫であって、金融のすべての領域に通じるものです。創意工夫は、顧客の視点に立った金融機関相互の切磋琢磨のなかからしか生まれてきません。その切磋琢磨を支えるものは、金融機関に働くものの情熱と誇りです。

いま、金融界としては、森長官の先進的改革にかける情熱に対して、同じ情熱をもって、呼応すべきです。金融界として、顧客との間で、どのような共通価値を創造できるのか、真剣に考え、大胆に行動すべきです。そして、よりよい金融行政のあり方について、積極的に提言すべきです。

日本の金融の未来は、金融庁によってではなく、民間の金融機関によって、作られるのです。金融機関として、金融庁との対話を通じて、金融庁からの適切な支援のもと、顧客のために、付加価値の創造へ向けて、邁進しなければなりません。フィデューシャリー・デューティーの実践は、まさに、その先行的で象徴的な事例なのです。

第1章は、公益財団法人資本市場研究会発行『月刊資本市場』2016年7月号掲載の「フィデューシャリー・デューティーとは何か」に加筆・修正したものです。

第2章～第5章は、主としてHCアセットマネジメント株式会社のWEBサイト掲載のコラム「森本紀行はこう見る」公表の論考に加筆・修正したものです。

第6章は、書き下ろしです。

編集協力　馬場 隆（金融ライター）

【著者略歴】

森本紀行（もりもと・のりゆき）

東京大学文学部哲学科卒業。1981 年三井生命保険入社。1990 年当時のワイアットへ入社し、日本初の企業年金基金等の機関投資家向け投資コンサルティング事業を手がける。2002 年、HC アセットマネジメントを設立。全世界の投資機会を発掘し、専門家に運用委託するという、新しいタイプの資産運用事業を展開している。同社サイトにて自らが執筆するコラム「森本紀行はこう見る」でも活躍中。フィデューシャリー・デューティー問題では、その重要性を早くから主張し続けてきた。

フィデューシャリー・デューティー ― 顧客本位の業務運営とは何か

2016 年 12 月 22 日　初版第 1 刷発行

著　者　森　本　紀　行
発行者　酒　井　敬　男

発行所　株式会社ビジネス教育出版社

〒102-0074　東京都千代田区九段南 4－7－13
TEL 03（3221）5361（代表）／ FAX 03（3222）7878
E-mail▶info@bks.co.jp URL▶http://www.bks.co.jp

落丁・乱丁はお取り替えします。　印刷・製本／萩原印刷株式会社

ISBN978-4-8283-0640-7　C2034